Caja de herramientas
para la vida

Maytte Sepúlveda

Caja de herramientas
para la vida

Caja de herramientas para la vida

Primera edición: octubre, 2009

D. R. © 2009, Mayteé Pérez de Sepúlveda

D. R. © 2009, de esta edición: Roca Editorial de Libros, S.L.
Marquès de l'Argentera, 17. Pral. 1.ª
08003 Barcelona
correo@rocaeditorial.com
www.rocaeditorial.com

© 2009, Random House Mondadori S.A.
    Av. Cra. 9 No. 100-07, piso 7, Bogotá, D.C.

ISBN 978-849-918-003-8

Impreso en Colombia - Printed in Colombia

Impreso en D`vinni S.A.

Quiero agradecer a mi esposo Daniel y a mis hijas su apoyo, compañía y amor. Sin ellos no podría vivir mi búsqueda ni compartir contigo lo aprendido.

Introducción

Todo en el universo obedece una ley de causa y efecto que determina cada día nuestra forma de actuar y enfrentar la vida. En este proceso los pensamientos, las creencias, las actitudes, las elecciones y los comportamientos ocupan un lugar determinante, pues a través de ellos proyectamos nuestra manera de ser y construimos las circunstancias que nos rodean. Eres tú quien conduce tu vida.

Mientras más conscientes seamos de quiénes somos y hacia dónde vamos, con mayor responsabilidad, madurez y efectividad lograremos llegar.

Espero con estas páginas estimular en ti el deseo de alcanzar tus sueños e ideales, y que te permitan asumir una actitud entusiasta y positiva para convertirte en la causa que genere los efectos que anhelas vivir.

Es una tarea a largo plazo, lo sé, pues así como tomó tiempo convertir en hábitos, dogmas y reacciones todo lo aprendido equivocadamente, revertirlo también lo requiere. Además, serán necesarias la automotivación, la voluntad, el deseo, la determinación, el valor, la conciencia y la puesta en práctica del conocimiento y las habilidades para sanar y trasformar nuestro estilo de vida.

Pretendo con estas líneas que conozcas todos los regalos que forman parte de tu existencia y que pocas veces te detienes a valorar, a disfrutar y a agradecer.

¡Siente la vida... está ocurriendo en este preciso instante! Observa tu entorno, asómate a la ventana o sal al balcón y mira a tu alrededor: el cielo, los árboles, las flores, la montaña, el mar... o simplemente siente el sol y el viento en tu rostro. ¡Estás vivo, aquí y ahora!

Intenta simplificar tus necesidades y poseer mayor tiempo de calidad para estar en contacto contigo mismo, con tus seres queridos y con la presencia divina. También para recuperar la importancia de las cosas pequeñas, para escuchar más, para estar atento y en el presente, de manera que tus acciones y tus compromisos sean más puntuales; para recordar que todo pasa, por más difícil que la situación sea, y que superar las adversidades dependerá de la claridad, la serenidad, la fuerza y la confianza en tu capacidad para conseguirlo.

Recuerda a tus personas más allegadas, su cara, su sonrisa, su aroma... Si están contigo en este momento, abrázalas y exprésales una frase cariñosa, de reconocimiento o de gratitud por su presencia en tu vida. Decir con frecuencia "te quiero" alimenta y fortalece el vínculo amoroso.

Piensa en tus amigos, no olvides el sentimiento que te une a cada uno de ellos ni el momento en que los conociste, lo último que hicieron por ti, cuando te acompañaron, o simplemente cuando te hicieron sentir valorado y querido... Estás sonriendo porque lo has sentido de nuevo.

Tenlo presente siempre: ¡Lo que siembres ahora, será lo que coseches más tarde!

No culpes a otros por tu situación, eres tú con tus elecciones y tus actitudes el único que puede hacer algo concreto para resolverla y superarla. Asume la responsa-bilidad de tus acciones, de tus palabras, de tus reacciones, de tus compromisos y de tus obligaciones.

Después de repasar estas líneas te darás cuenta de que tienes más de lo que en realidad crees. Entonces, apre-súrate a despertar y a tomar las decisiones que te ayuden a moldear y a afrontar la vida de manera diferente. No es lo que sucede afuera lo que en verdad te afecta y te perturba; es, más bien, el modo en que lo interpretas y respondes.

Para algunas personas la madurez y la claridad llegan al final de la etapa adulta, cuando el dolor, la soledad, el temor y las consecuencias naturales de su estilo de vida las hacen conscientes de lo que no tienen. Para otras, aque-llas que más temprano comenzaron la búsqueda de un camino que las llevara a vivir como intuyeron que debían hacerlo, las pruebas y los reveses se convirtieron en opor-tunidades para madurar, ganar fortaleza y confianza no sólo en lo divino, sino en su capacidad de hacer el trabajo y los cambios necesarios para conseguir lo que deseaban.

No sé en qué periodo de tu vida te encuentren estas reflexiones, pero seguramente será cuando estés listo para simplificar tu rutina, para manejar tus impulsos, para recuperar el valor de las cosas sencillas, para ser autén-tico y honesto contigo mismo y en tu relación con los demás; para darle espacio, atención e importancia a lo que verdaderamente lo amerite.

Durante más de la mitad de mi existencia he querido transformarme en un puente entre el aspecto humano y el divino, ambos presentes en el ser. En la búsqueda de los elementos, el conocimiento, las herramientas y la ins-

11

piración para lograrlo, me he reencontrado, y cada día trabajo para convertirme en el individuo que quiero ser. Gracias por darme la oportunidad de compartir contigo el resultado de mi búsqueda.

Abre estas páginas al azar; encuentra aquí la inspiración, la fuerza, la motivación y los instrumentos que te hagan recordar que dentro de ti están todas las respuestas. A través de ellas comparto contigo mi caja de herramientas para la vida, de manera que puedas también solucionar, arreglar y transformar cualquier situación inesperada o difícil. Hallarás asimismo lo indispensable para afrontar el día a día con optimismo, valor, determinación, entusiasmo y confianza.

El bienestar emocional

A mi correo electrónico llegan innumerables mensajes de personas que me escriben para pedir una herramienta, un consejo o simplemente una palabra de aliento que les ayude a solucionar, suavizar o sobrellevar ciertas situaciones difíciles que enfrentan. Estoy segura que para otros lectores las circunstancias expuestas en dichos mensajes serían muy fáciles de superar, pues tal vez consideren que todos estamos capacitados para resolver estados emocionales cotidianos y les parezca que hablar de ello es como hacer una tempestad en un vaso de agua.

Creo que cuando alguien escribe o se atreve a expresar sus inquietudes en público, lo hace porque está consciente de que tiene un problema, lo ha aceptado y está dispuesto a hacer cuanto sea necesario para obtener ayuda y encontrarle solución.

Tener ese valor es la prueba inequívoca de que estamos listos para resolverlo. Además, es señal de carácter y una muestra del deseo de querer mejorar y situarse muy por encima de la apatía, de la resignación, de la desesperanza y de la falsa ilusión que generalmente nos lleva a imaginar que todo anda bien, o que simplemente se arreglará en algún momento, sin una acción consciente, voluntaria ni responsable para conseguirlo.

Cuando somos capaces de compartir nuestros problemas emocionales con un amigo, un terapeuta o una persona que por su conocimiento, experiencia o preparación pudiera darnos la guía o el apoyo esencial, tenemos 50 por ciento de los recursos y el esfuerzo que hace falta para remediarlos, porque antes de atrevernos a expresarlos, tuvimos que ordenar nuestras ideas y afrontar la confusión y el dolor.

Todos vamos por la vida intentando ocultar nuestros verdaderos sentimientos, porque hemos aprendido a mostrar una cara diferente para ser aceptados o queridos, para conquistar a alguien o conseguir algo. O lo que es peor, para engañarnos a nosotros mismos, pues de ninguna manera queremos mostrar debilidad; ya bastante empobrecida está nuestra estima. Pero de repente sopla un viento fuerte que despeja nuestras máscaras, nuestras defensas, y deja al descubierto nuestra verdadera esencia, al auténtico ser. Nos sorprende y sorprendemos al reconocer y expresar nuestra personalidad real.

Vivimos siempre preocupados por lo que piensan de nosotros los demás, que tal temor se convierte en un auténtico padecimiento que destruye nuestra seguridad, nuestra estima y nuestra espontaneidad. No tiene sentido renunciar a la libertad de ser uno mismo para ponerse en manos de otros que en realidad no se ocupan de nosotros, porque también les aflige el mismo mal.

En uno de esos correos un hombre me contaba acerca de su comportamiento violento, el cual justificaba con el estrés y el exceso de responsabilidades diarias. Él está consciente de que se ha convertido en una persona agresiva, aunque se resiste a aceptarlo y eso le impide hallar el remedio para su caso.

Thich Nhat Hanh, un maestro vietnamita que enseña sobre la paz interior, aconseja que cuando se tiene una emoción negativa como el miedo, la rabia o la depresión, no se debe ignorar; hay que aceptarla como a una compañera y mirarla de frente para reconocerla dentro de nosotros, contemplarla en su justa dimensión, buscar sus raíces y combatirla.

Muchos padecemos el *síndrome de la teja rota*: al ver un gran techado de miles de tejas perfectas, bellas, completamente alineadas y relucientes, sólo nos fijamos en esa solitaria teja rota, que termina por opacar a las demás. Aceptémonos tal como somos, con amor, sin juzgarnos duramente, con nuestras limitaciones y nuestras cualidades; miremos todas las tejas en conjunto para reconocer que, a veces, hasta las limitaciones tienen su encanto. Evitemos vernos y mostrarnos como no somos; démonos la oportunidad de ser auténticos y honestos con nosotros mismos y con los demás, para ganar la posibilidad de expresar lo que sentimos y pensamos, especialmente cuando estamos bajitos o alterados emocionalmente. Es el balance emocional lo que nos permite sentir y creer que estamos bien y que la vida a través de cada momento o experiencia es un regalo extraordinario para disfrutar mucho más cada día.

Para tener presente

- Gana confianza, hablando con tu mejor amigo o con tu familiar más cercano.
- Dale valor a tus ideas y a tus sentimientos.
- No busques la aprobación o la compasión de los demás.
- Elige las palabras y el tono emocional que vas a usar.
- Practica el perdón para que puedas liberar tu contenedor interno de todas las emociones negativas que guardas.
- Ahorra tiempo de calidad para escuchar tu cuerpo y saber cómo te sientes en realidad.
- Busca sentirte en paz.
- No postergues la solución de tus problemas personales, afróntalos con valor, confianza y optimismo.

Ventilar y ordenar con frecuencia todas las habitaciones de tu vida personal, hará que puedas disfrutar de un mayor bienestar.

El amor es verbo, no sustantivo

–¿Por qué nunca dejas de hablar de mis errores pasados? —le preguntó el marido a su mujer–. Yo pensaba que ya me habías perdonado y olvidado todo lo sucedido.
   —Y es cierto. He perdonado y olvidado —respondió la mujer–. Pero quiero estar segura de que tú nunca te olvides que te he perdonado y he olvidado. El amor nunca lleva cuenta de las ofensas.

Un día entré apurada a un supermercado por algunos ingredientes para la comida, acelerada y recordando todas las cosas que tenía pendientes. Siempre hay tanto qué hacer con tan poco tiempo disponible. Para agravar la situación, todas las cajas estaban llenas; en una de ellas una señora me sonrió al ver quizás mi cara de angustia. La mujer tenía un carrito repleto, me acerqué para ponerme en turno, pero amablemente me invitó a pasar adelante; agradecida acepté, y cuando fui a pagar me faltaban algunas monedas. Apenada, me preparé liquidar con un cheque y mi benefactora, que no dejaba de sonreír, le dijo a la cajera que ella pagaría lo que faltaba. Después de agradecerle, salí del supermercado con otra actitud, el estrés que sentía desapareció como por encanto.

A partir de ese momento llegar a casa rápidamente

ya no fue mi único objetivo; decidí disfrutar el camino de regreso, descubrir cosas nuevas que habían estado ahí desde hace tiempo, y aunque los pendientes permanecían, ya no me sentí agobiada. Recordé, entonces, la importancia del amor en acción.

La palabra *amor* suele tener muchas connotaciones, y se ha abusado tanto de éstas, que su significado original se ha confundido. Cuando nos dicen que "amemos a nuestro prójimo" suena a obligación; cuando nos comentan que "el amor es ciego" parece de telenovela; que el "amor es ingrato" lo asociamos con el desencanto sentimental. Y si nos sugieren que "debemos ser amorosos" lo vinculamos con debilidad o cursilería, quedamos confundidos, lo vemos como algo ajeno a nuestra cotidianidad.

El amor debe ser acción, debemos incorporarlo a nuestra vida diaria. Hacer algo por un desconocido es maravilloso, pero, aunque no lo parezca, puede ser más difícil comportarnos amables y amorosos con las personas que están más cerca de nosotros en el día a día.

¿Cuántas veces nuestra pareja o nuestros hijos han sido víctimas de nuestro estrés? Es urgente que tomemos conciencia de la importancia de materializar el amor en nuestro hogar.

El verdadero amor debe hacernos amables y agradecidos en nuestras relaciones con los demás. ¿Cuánto hace que no le das las gracias a tu pareja o a tus hijos? Ellos muchas veces nos ayudan a madurar, a crecer; confían en nosotros sin cuestionar nuestras decisiones; nos acompañan en las buenas y en las malas; se sienten orgullosos cuando los reconoces, y con nobleza aceptan tus fallas.

No hay mejor remedio para la vanidad que la gratitud. Míralos amorosamente, reconoce sus esfuerzos, dales las gracias por compartir la vida contigo.

El amor es perdonar y aprender a pasar la página, es aceptar que los demás no son perfectos ni infalibles. Un hogar lleno de resentimiento y deudas afectivas por cobrar se hace insoportable. Aprendamos a perdonar y la vida de ellos y la nuestra será mucho más amable.

El amor hace que las relaciones con nuestros seres queridos sean oportunas y consideradas. Por ejemplo, no es conveniente reprender a nuestro hijo porque golpea la puerta cuando llega cansado de la escuela. O quejarnos de los problemas cotidianos con nuestra pareja, que sale de la oficina después de un día difícil de trabajo con su jefe, y reclamarle airadamente porque se sienta frente a la televisión sin mostrar interés en lo que le platicamos. Es preciso aprender a dominarnos y a no reaccionar a la indiferencia con agresividad.

El amor en acción también es ternura: debemos expresar nuestro afecto hacia los otros con un trato considerado y cariñoso, decirles cuánto los queremos, los admiramos, y lo mucho que los necesitamos, pero con sinceridad. Es preciso mimarlos y tocarlos; nadie discute la importancia de un abrazo, una sonrisa de reconocimiento o simplemente un fuerte apretón de manos.

El amor debe ser respeto, pues nada es lo suficientemente grave como para maltratar a los tuyos. No hay justificación posible para abusar de tus hijos, de tus padres, de tu pareja o de tus amigos. Cuando se acaba el respeto se termina todo. Nuestro hogar debe ser, ante todo, un lugar a salvo, un espacio de amor, apoyo incondicional, respeto, tolerancia, amabilidad, consideración, justicia y comprensión.

Busca el amor dentro de ti, y disponte a esparcirlo como un perfume suave de amabilidad, tolerancia, paciencia y comprensión a tu alrededor.

Perdonar y dejar ir

El tema del día era el resentimiento, y el maestro les había pedido que llevaran papas y una bolsa de plástico. Debían tomar una papa por cada persona a la que le guardaran rencor, escribir su nombre en ella e introducirla en la bolsa. Algunas de éstas eran realmente pesadas. El ejercicio consistía en llevar el bulto con ellos durante una semana.

Naturalmente, la condición de las papas se iba deteriorando con el tiempo.

La incomodidad de acarrear esa bolsa en todo momento, además del mal olor, les mostró claramente el peso espiritual que cargaban a diario, y les señaló que mientras ponían atención en ella para no olvidarla en ningún lado, desatendían cosas más importantes.

Al final de la semana los discípulos aprendieron una gran lección y se dieron cuenta de que todos llevamos en nuestra mochila sentimental una cantidad de papas en constante putrefacción.

Este ejemplo ilustra el precio que pagamos a diario por conservar dentro de nosotros el resentimiento hacia cosas que ya pasaron y que no podemos cambiar.

Es sorprendente la capacidad del ser humano para guardar, como si fuesen un tesoro, los recuerdos tristes o las eventualidades que le tocan vivir. Es más fácil rememorar y mantener presente el dolor, la pérdida, la traición, el engaño o la mentira, que evocar las experiencias positivas.

Debemos comprender que sólo si somos capaces de afrontar lo negativo con valor y honestidad, podremos sanar nuestras heridas emocionales y evitar reacciones destructivas en nuestra vida cotidiana.

No vale la pena apegarte al pasado y dejar que la ira o el dolor se transformen en resentimiento; que te conviertas en la víctima más grande de ese veneno. Mereces ser libre de esos pensamientos que alimentan ideas de venganza y nocivos sentimientos que te impiden pasar la página y disfrutar todas las cosas buenas y agradables que suceden en tus días.

Para superar un pasado espinoso hay que tener valor, autoestima y determinación.

Tal vez estarás pensando en lo difícil que te ha sido perdonar a alguien en particular, y comprendo tus motivos, pero no hacerlo te condena a perpetuar ese recuerdo mientras esa persona vive tranquila y ni se acuerda. ¡El pasado ya pasó y no podemos hacer nada para cambiarlo! Acéptalo, sal de ahí y date oportunidad de ser libre para recuperar la ilusión, la capacidad de soñar, de reír y ser feliz.

Perdonar es un acto simple que implica amor, valor y determinación para comprender, aceptar y superar los sentimientos de un recuerdo tormentoso. Las fuentes del amor son numerosas: el contacto y la relación con las personas amadas, el reconocimiento y la valoración de todos los regalos esenciales que recibimos cada día, el gesto afectuoso, gentil o solidario de otros para con nosotros, y el contacto con la presencia de Dios en nuestro interior.

Claves para perdonar

Perdona desde el corazón. Generalmente practicamos un perdón mental; es decir, llegamos a la conclusión de la importancia de hacerlo, tomamos la decisión y creemos que ya está consumado; luego intentamos continuar con la vida, como si nunca hubiese sucedido aquello.

Practica un ejercicio de perdón muchas veces. Existen varios modos de perdonar, de manera que puedas reprogramar y liberar algunos de los pensamientos negativos asociados a ese recuerdo. Elige uno que sea afín contigo y procura hacerlo en un momento en que te sientas relajado y dispuesto a practicarlo.

Atrévete a establecer límites. Cuando perdonamos tenemos el derecho de elegir si continuamos o damos por terminada alguna relación, expresándolo abierta y honestamente. Perdonar no te obliga a preservar la misma relación con quien ya no lo deseas.

Toma el aprendizaje. Todos somos parcialmente responsables de lo que vivimos; algo hicimos o dejamos de hacer para experimentar ciertas situaciones de vida. Por eso pregúntate: ¿qué puedo aprender de todo esto?, ¿cómo puedo cambiar o mejorar algo para no repetirlo? Cuando extraemos algún elemento positivo de lo que experimentamos, crecemos, maduramos y cada vez somos más capaces de controlar nuestra vida emocional.

¡Suelta el pasado, llénate de amor y perdona; vive el presente atento a reconocer todo lo bueno y agradable que también te pasa. No olvides que la vida es maravillosa, y que todo va a estar bien!

En busca de la pareja perfecta

Nasrudin conversaba con un amigo.

—Entonces, ¿nunca pensaste en casarte?

—Sí pensé —respondió Nasrudin—. En mi juventud resolví buscar a la mujer perfecta. Crucé el desierto, llegué a Damasco y conocí a una mujer muy espiritual y linda; pero ella no sabía nada de las cosas de este mundo. Continué viajando y fui a otra ciudad, con la esperanza de conseguirla; allí encontré a una que conocía el reino de la materia y el del espíritu, pero no era bonita. Entonces resolví ir hasta la capital, donde cené en la casa de una joven bonita, religiosa y conocedora de la realidad material.

—¿Y por qué no te casaste con ella?

—¡Ah, compañero mío!, porque lamentablemente ella también quería un hombre perfecto.

Cuántos de nosotros estamos como el personaje de la historia, buscando una pareja perfecta, tratando de llenar nuestras expectativas, olvidando que todos somos sólo seres humanos con cualidades y limitaciones. Por eso, antes de esperar a que alguien ideal llegue a nosotros, debemos preguntarnos si somos el ideal para esa persona que deseamos atraer a nuestra vida.

Mientras más tiempo pasamos solos, más exigentes nos volvemos al momento de incluir a otro ser en nuestra vida. Hay personas muy exigentes que tienen una especie de lista de chequeo en la que están anotadas características, actitudes y condiciones ideales que debe reunir una nueva pareja.

Otras se sienten cansadas y están menos dispuestas a compartir y a dar lo mejor de sí porque consideran que ya entregaron lo suficiente en relaciones anteriores que no funcionaron. Por eso, en este momento, esperan a alguien de quien sólo reciban sin ofrecer nada a cambio, y sin moverse de su sitio de comodidad y de seguridad. ¿Será esto posible?

Tienes derecho a la felicidad y a experimentar el gozo de sentirte libre de elegir la vida que deseas para el resto de tus días, y si estás solo, puedes decidir con quién vas a compartirlos. Pero como estamos acostumbrados a ver a los demás y a interpretar sus comportamientos y sus necesidades, muchas veces sabemos más de ellos que de lo que queremos para nosotros.

Comienza por observarte, como si quisieras conocerte realmente y descubrir cuál es la imagen que proyectas hacia los demás. De esta manera podrás realizar los ajustes esenciales en tu actitud y tu actuación, para convertirte en un mejor ser humano y en la causa que atraiga hacia ti a una mejor persona.

Convivir en pareja implica estar dispuestos a compartir nuestro espacio vital con una persona por la que sentimos amor, respeto, admiración, pasión y afinidad.

Independientemente de la calidad de las relaciones que hayas tenido y de lo que hayas experimentado en ellas, una nueva relación supone fomentar el mismo nivel de amor, entrega, compromiso e ilusión que tuvimos las veces anteriores. El amor no nos puede hallar cansados de sentirlo y de compartirlo, pues así sólo lograremos que se nos escape como el agua entre los dedos.

Si estás solo sentimentalmente o te encuentras en el umbral de comenzar una nueva relación, te sugiero que sacudas de ti todo rastro negativo que haya dejado cualquier experiencia anterior, y que te dispongas con madurez, responsabilidad y con un gran niño interior, a recibir de nuevo —y ojalá para siempre— al amor.

No podemos esperar a que una nueva persona llegue y se quede en un rinconcito de nuestra vida, porque así lo hemos decidido para protegernos de lo que otros nos hicieron. Esta persona merece recibir lo mejor de nosotros porque está dispuesta a darnos lo mejor de sí.

Claves para darte otra oportunidad

Deja de buscar. Ocúpate de trabajar en ti mismo, para convertirte en un mejor ser humano. Tu felicidad depende de ti y sólo podrás experimentarla si logras sentirte a gusto en tu compañía. Cuando menos lo esperes, el amor tocará a tu puerta.

Ábrete al amor. Con frecuencia dices que estás listo para una nueva pareja, pero en realidad tienes miedo o no te sientes dispuesto a compartir. Vale la pena que lo asumas, porque sólo si estás abierto en verdad, podrás recibirlo y mantenerlo.

Muéstrate dispuesto a compartir. No seas celoso de tus posesiones o de tu espacio personal, permítele a la otra persona formar parte de él y comparte lo tuyo sin temor y sin egoísmo.

No tengas miedo al fracaso. El temor a que se termine la nueva relación hace que tengas actitudes negativas que contribuyen a alejar a esa persona especial de tu vida. Vive y disfruta el momento, deja que el día a día defina cuánto va a durar.

No busques una pareja perfecta, busca a alguien que sienta el mismo amor, el mismo compromiso y la misma entrega que tú. Ábrete, para que puedas recibir a esa nueva persona en tu vida, y juntos logren crecer.

Podemos superar una ruptura

Cuando te encuentras en el ojo del huracán no hay palabras ni comentarios positivos que puedan serenar tu ansiedad; pero con el tiempo descubrirás que todo sucedió por una buena razón.

La separación de una pareja es uno de los sucesos más estresantes y traumáticos de superar. Por eso quiero compartir algunas reflexiones que ayuden a sanar las heridas del corazón, a pasar la página en algún momento y continuar adelante.

Mientras escribo, pienso que realmente la única medicina que puede calmar el dolor de una ruptura sentimental es el tiempo. Cuando te encuentras en el ojo del huracán, completamente afectado, no hay palabras ni comentarios suficientemente poderosos ni positivos que puedan calmar tu ansiedad, mucho menos aquietar tus emociones, especialmente si fuiste la persona a la que dejaron. Con el tiempo descubrirás que te sucedió por una buena razón, pues todas las situaciones que vivimos con cierta intensidad, guardan una enseñanza.

Pero no me gustaría que recuerdes, una vez más, todo lo que has vivido, ¡ya forma parte del pasado! Te sugiero que distraigas tu mente y que, por unos minutos, te desconectes de la preocupación, el miedo y la rabia que puedas sentir en este instante. ¡Éste es el momento de sanar! Abre tu corazón y tu mente para que puedas dar los pasos que te curen las heridas, recuperen la serenidad y la claridad que te permitan continuar tu vida. Vamos, yo sé que ha sido intenso y difícil, pero hagamos juntos una reflexión. Tú también fuiste partícipe activo de la relación, tomaste decisiones importantes, asumiste responsabilidades y las cumpliste, llegaste a ser independiente antes o durante la relación. Entonces, ¿cómo puedes perder el control y el sentido de tu vida tan fácilmente?

¡Siempre puedes volver a comenzar! Eres una persona especial. Estoy segura que en algún lugar hay otro ser igual esperando el momento de encontrarse contigo para compartir la vida.

Claves para recuperarte

No pienses tanto. Deja de darle vueltas en tu cabeza a lo que pudiste hacer que ya no hiciste. Sólo vale la pena si aún estás a tiempo de evitar la separación, en cuyo caso es indispensable que tu pareja esté de acuerdo. No permitas que tus pensamientos te hagan recordar detalles tristes y por ello sufras. Distrae tu mente.

Vive tu duelo. Es natural que te sientas herido, en realidad acabas de experimentar una gran pérdida. Hacerte el fuerte y aparentar que no has sufrido puede llevarte a guardar y reprimir emociones negativas que más tarde se volverán contra ti. Déjalas salir.

Comparte con un amigo. Hablar con alguien interesado en nuestra historia puede ser muy terapéutico, pues nos ayuda a liberar un poco nuestra carga emocional. Evita contarle a mucha gente acerca de tu situación, para que su comentario destructivo no aumente la tensión ni profundice tu dolor.

No busques culpables. Mientras más insistas en sentirte culpable por lo que pasó, o en hacer culpable a tu pareja, lo único que lograrás será aumentar tu malestar. Considera que en una relación ambos son parcialmente responsables de su proceder.

No guardes esperanzas. En ocasiones el dolor te acompaña durante tanto tiempo porque, en el fondo de tu corazón, todavía conservas la esperanza o la ilusión de que esa persona reconsidere su decisión o revise su comportamiento y vuelva. Es preferible dejar ir; si esa persona es para ti regresará, pero en otras condiciones.

No tengas miedo. Recupera la confianza en ti mismo. Reconoce tus capacidades y, al mismo tiempo, recuerda que dentro de ti se encuentran las herramientas para superar cualquier situación difícil. ¡Tú puedes salir de ahí! Pregúntate: ¿qué puedo aprender de esta experiencia?, y con mucha suavidad, permítete aprenderlo.

Practica el perdón. Aunque te resulte difícil, cuando te sientas fortalecido llénate del amor que sientes por algunos de tus otros seres queridos y perdona. ¡Vamos!, mereces liberarte del daño que esa reminiscencia te produce, para que puedas recibir los regalos y las oportunidades que la divinidad tiene para ti.

No hay fórmulas mágicas que nos permitan superar el problema sin afrontarlo, pero existen herramientas que pueden ayudarte a reunir la fortaleza, el valor, la fe y el ánimo para levantarte y comenzar de nuevo. ¡Adelante!

Lo que contamos a los demás

El joven discípulo de un filósofo sabio llegó a la casa de éste y dijo:

—Maestro, un amigo suyo estuvo hablando de usted con malevolencia.

—Espera —lo interrumpió el filósofo—, ¿ya pasaste por las tres rejas lo que vienes a contarme?

—¿Las tres rejas?

—Sí. La primera reja es la verdad. ¿Estás seguro de que lo que quieres decirme es absolutamente cierto?

—No, porque en realidad lo oí comentar a unos vecinos.

—Entonces al menos lo habrías hecho pasar por la segunda reja, que es la bondad. ¿Esto que deseas decirme va a ser bueno para mí?

—No. En realidad pienso que le puede afectar.

—¡Vaya! La última reja es la necesidad. ¿Es necesario hacerme saber eso que tanto te inquieta?

—A decir verdad, no.

—Entonces —dijo el sabio sonriendo—, si no estás seguro de que es verdadero ni bueno ni necesario, pasemos a otra cosa.

Una de las experiencias complejas de manejar en la vida es sabernos víctimas de un chisme. La mayoría de las veces reaccionamos sintiéndonos presas de las personas que han hablado negativamente de nosotros y nos preguntamos: ¿qué le hicimos?, ¿por qué se comportan de esa manera? Nos encerramos e imaginamos que todo mundo lo sabe y está pensando mal de nosotros. Otras veces, por el contrario, se enciende la rabia interna y salimos a defendernos con violencia para callar a quien hizo el comentario y extendió el chisme sin ninguna prudencia.

No vale la pena dejarnos afectar de esa manera; más bien tenemos que conservar la calma y la claridad mental que nos permita analizar la situación y actuar con inteligencia, sin arrebato. Los chismes son como una avispa: si no estás seguro de que vas a matarla, no pelees con ella. Lo primordial es sentirnos confiados de nuestro comportamiento, independientemente de lo que lleguen a pensar los otros en un momento dado.

Pero como toda situación en la vida, ésta también tiene una segunda cara, la de aquellos que se dedican a generar chismes y divulgarlos.

Valdría la pena preguntarse ¿cuál fue o cuál es la verdadera intención de un comentario negativo sobre una persona? Es mejor considerar que, en la mayoría de los casos, no son conscientes de los efectos y las consecuencias que podrían causar sus comentarios. Si no tenemos nada bueno o favorable que hablar sobre alguien, es preferible guardar silencio, a menos de que lo que vayamos a expresar ayude a solucionar, a corregir o a construir algo inteligente para todos los involucrados; somos responsables de elegir las palabras adecuadas y el mejor momento para hacerlo.

Claves para bajar el nivel de comentarios negativos

Nunca hables mal de otros. Es mejor guardar silencio antes de externar algún comentario negativo, especialmente si no estamos seguros de la veracidad de dicha información. Recuerda proyectar las consecuencias de lo que vas a decir, y pregúntate si con ello podrás ayudar realmente a la persona.

Sé compasivo con los demás. Colócate en el lugar de quien recibe críticas y sin importar lo que otros digan toma una posición imparcial. Recuerda que las personas que te hablan mal de otros lo harán igual de ti en algún momento.

Reafirma la veracidad de la información que recibes. Antes de repetir la información que recibiste, ocúpate de averiguar con una fuente confiable si ésta es verdadera, porque corres el riesgo de reaccionar o actuar impulsado por un comentario mal intencionado.

Apoya a la víctima de un chisme. En primer lugar, rompe la cadena, pregúntale a quien te cuenta algo si está dispuesto a sostener su aseveración en presencia del afectado, para enfrentarlo y resolverlo. No tomes decisiones basadas en un chisme.

No hagas eco de chismes. Evita ser parte de esa red de comentarios negativos, especialmente si con ellos pudieras ofender o dañar la reputación de alguna persona. Ubícate como un instrumento de paz y de conciliación, para que tus palabras siempre estén dirigidas a solucionar, resolver o apoyar a los demás.

A través de nuestras actitudes y de nuestros comentarios tenemos la posibilidad de ser un instrumento de concilia-ción, de paz y de respeto en nuestro mundo. No permitamos que las intenciones negativas de algunos nos contagien y perdamos esta oportunidad.

Creciendo juntos en el amor

Un hombre se había casado con una maravillosa mujer. Las facciones de su rostro eran bellas; sólo la nariz resultaba desagradable. Sin embargo, cuando menos quería ver esa parte de su esposa, más lo hacía. Desanimado, acudió con un consejero y le dijo:

—Estoy muy abatido, porque del bello rostro de mi mujer sólo puedo ver su fea nariz. Estoy obsesionado.

—Estás creando un conflicto y fortaleciendo al enemigo. Te diré lo que tienes que hacer: observa la nariz de tu esposa y verás que si no creas rechazo con esa parte de su rostro, ya no te preocupará y podrás apreciar sus otros hermosos rasgos.

El hombre siguió las sugerencias del consejero y se produjo el milagro: desde ese momento fue capaz de apreciar sus bellos ojos, sus maravillosos labios y sus tiernas mejillas. Incluso terminó por encontrar graciosa la nariz de su esposa.

Las características positivas, los gestos y las aptitudes que encontramos al comienzo de una relación en la persona que amamos, deberían bastar para permanecer enamorados y motivados a disfrutar su compañía y compartir la vida. Por eso, si ambos mantenemos la disposición de reconocer, aceptar y corregir aquellos hábitos, creencias y actitudes que pudieran afectarnos mutuamente, seguramente experimentaremos una relación satisfactoria y duradera.

Una de las características más importantes de las parejas que funcionan y perduran en el tiempo es que tienen la capacidad de descubrir y reforzar las cualidades "ocultas" de sus integrantes. Cuanto más confiados nos sintamos el uno en el otro, más libres seremos para crecer y transformarnos como individuos dentro de la convivencia. El deseo de superación es indispensable para que la relación se fortalezca y perdure; si bien es importante aceptar a la pareja tal y como es, lo es asimismo apoyarla para que se desarrolle y cambie por su voluntad los aspectos negativos de su personalidad.

Existe un límite sutil entre manipular a la persona para que haga lo que nosotros queremos, o estimularla y animarla para que busque y reconozca sus cualidades y las exprese con seguridad.

La convivencia, la intimidad y la confianza en la relación nos permitirán mostrar con libertad y espontaneidad algunos aspectos desconocidos de nuestra personalidad. Es día a día como descubrimos la posibilidad de compartir la vida cotidiana. Estar atentos, observarnos sin juzgar y mantener una comunicación clara y directa propiciará que nos conozcamos más y encontremos la felicidad y la realización personal. No perdamos la oportunidad de convertirnos en mejores amigos, compañeros y aliados en la aventura de la vida.

Podemos tener una relación maravillosa si nos apoyamos mutuamente para crecer y mejorar como personas, con dedicación, respeto, confianza y amor.

Herramientas para fortalecer
la relación de pareja

Sean amigos. La compañía de un buen amigo nos suaviza la vida. Ésta es la persona que nos acepta como somos, que nos escucha con atención, que se interesa en nuestros asuntos y que nos anima a sacar lo mejor de nosotros. Con los amigos somos tolerantes y pacientes, hasta el punto de disculpar sus errores fácilmente.

Reconoce sus cualidades. Descubre y resalta los aspectos positivos de su personalidad, como la lealtad, la responsabilidad, el ingenio, la alegría, etcétera. Pregúntate si lo que te molesta de tu pareja es lo suficientemente importante y grave como para desaparecer sus cualidades y poner en riesgo el bienestar de la relación.

Haz tus observaciones con amabilidad. Las relaciones se construyen o se derrumban por pequeños detalles. Por eso es importante que hagas comentarios y observaciones a tu pareja con amabilidad, respeto y consideración, pues lo importante es que la motives para que juntos puedan superar las diferencias.

Expresa tus sentimientos. Sé claro y directo al momento de expresar lo que sientes, recuerda que ésta es la única forma que tiene la otra persona de saber cuáles son tus deseos, tus necesidades y tus intereses. Evita pensar que tu pareja debe adivinar, sin que tengas que hablarle, pues lo que resulta ser obvio para ti, puede no estar claro para ella.

No temas al cambio. Las personas y las relaciones cambian con el tiempo, la clave consiste en hacerlo de una forma positiva. En la pareja, un hombre y una mujer abren sus corazones y se entregan a compartir la vida con amor y dedicación; cada uno mejorará al otro a través del intercambio y la retroalimentación.

Encuentren en la convivencia la oportunidad de crecer, madurar y compartir el fruto de sus experiencias con amor, respeto y confianza.

Vivir en armonía

El jefe indio Alondra Amarilla dijo:

"Oh, Gran Espíritu, cuya voz oigo en el viento, cuyo soplo da vida al mundo, óyeme. Vengo a ti como uno de tus muchos hijos. Soy pequeño y débil. Necesito tu fuerza y tu sabiduría. Ojalá pueda caminar en la belleza. Haz que mis ojos puedan ver siempre el sol poniente rojo y púrpura.

"Haz que mis manos respeten las aguas que has creado y que mis oídos estén atentos a tu voz.

"Haz que sea bueno para descubrir lo que has enseñado a tus hijos, esas lecciones que has escrito en cada hoja y en cada roca.

"Hazme fuerte, no para ser superior a mis hermanos, sino para combatir a mi mayor enemigo: yo mismo. Haz que cuando la vida decline como el sol poniente, mi espíritu pueda venir hacia ti sin sentir vergüenza ni pena."

Nuestra felicidad está intrínsecamente ligada a la de los demás y si la humanidad sufre, nosotros, de un modo u otro, también lo hacemos. Mientras más abiertos y altruistas seamos, más paz experimentaremos. Tal vez por eso la religión universal debería ser la de la acción desinteresada y su templo el corazón de cada ser humano.

Al vivir con nuestra atención colocada en los diferentes estímulos que recibimos del mundo exterior se nos olvida lo que es verdaderamente esencial en la vida.

Pero un cambio está ocurriendo en el mundo: la suma de las acciones individuales de personas que aportan su grano de arena desde el corazón, sin ningún interés personal, hará que se produzca una transformación en el interior del ser humano, ajustando sus valores y reafirmando su identidad. Con el trabajo dedicado, consciente y responsable de sembrar amor, bienestar, fortaleza, valoración personal y esperanza, podremos cambiar la perspectiva que tenemos del mundo. Dedicar la mayor parte de nuestro tiempo a suavizar y a enriquecer la vida de los demás —con nuestro trabajo, conocimiento, palabras, gestos, detalles— puede ser una experiencia muy gratificante. Además, éste es un trabajo que nos recompensa de antemano.

Claves para vivir en armonía

Cuida tu cuerpo. En la medida en que te sientas bien físicamente, tendrás más energía y entusiasmo para aportar a las otras áreas de tu vida. Pon manos a la obra, practica alguna actividad física con disciplina y regularidad, sin exigirte demasiado. Hazlo para estimular y aumentar tu bienestar.

Mantén buenas relaciones con los demás. Piensa en tus relaciones con la familia, con los amigos y con los compañeros de trabajo o de estudio como una oportunidad de crecer y enriquecerte como ser humano. Comparte con ellos lo mejor de ti y conviértete en un elemento pacificador que ilumine la vida de quienes están a tu alrededor.

Disfruta más la vida. Un exceso de responsabilidad y de compromisos generalmente nos impide disfrutar un poco más la vida. Recupera tu sentido del humor y siéntete dispuesto a compartir momentos gratos con tus seres queridos. Aparta tiempo para aprender y practicar algún pasatiempo.

Aprende a pedir. Atrevernos a expresar nuestras necesidades y nuestros deseos nos da la posibilidad de sentirnos más satisfechos en la vida. Hay personas que piensan que manifestar sus necesidades es una señal de debilidad, pero en realidad es una muestra de fortaleza y de madurez.

Cuida tus pensamientos. Cuando uno actúa o habla dejándose llevar por una mente prejuiciada, confundida o negativa, generalmente lamenta haberlo hecho, porque tiene que asumir las consecuencias de su error. Pero si uno lo hace impulsado por una mente clara, limpia y optimista, la consecuencia será la felicidad y el bienestar.

Aprende a fluir. A pesar de que nos parece que los diferentes aspectos de nuestra vida no están conectados, en realidad lo que hacemos en el trabajo repercute en nuestra vida personal, en la familiar y en nuestro contacto social. Por eso es tan importante intentar vivir con base en nuestros valores en todo momento y circunstancia.

Maneja tu tiempo. Tú eres quien realmente administra y decide qué hacer con su tiempo. Organízate cada noche, de manera que el día siguiente puedas cumplir con tus pendientes y disponer de un tiempo para las actividades que te relajan y suavizan tu vida.

Aprende de ti mismo. Conviértete en un observador atento e imparcial de tu persona. Evita juzgarte o criticarte duramente, trátate con gentileza y recuerda que puedes cometer errores y aprender de ellos, para no tener que repetirlos más. Conocerte hará que puedas manejar tu vida con conciencia y responsabilidad.

Pon el corazón en lo que haces. El trabajo de cada persona es primordial para todos. Sin importar qué tan sencillo o humilde nos parezca, la labor hecha con responsabilidad, mística y entrega produce un efecto benéfico para la sociedad.

Tenemos la responsabilidad de hacer nuestro aporte positivo al mundo. No perdamos la oportunidad de sembrar amor, comprensión, equidad, paz y esperanza a nuestro alrededor.

La influencia de los demás

Un grupo de ranas viajaba por el bosque, cuando de repente dos de ellas cayeron en un pozo profundo. Las demás se reunieron alrededor del agujero, observaron lo hondo que éste era y sugirieron a las que habían caído que debían darse por muertas.

Sin embargo, ellas intentaban afanosamente salir del hoyo, mientras las de arriba gritaban que sus esfuerzos eran inútiles.

Finalmente, una de las ranas prestó atención a lo que las demás decían, se dio por vencida y murió.

La otra continuó saltando con tanta fuerza como le era posible. La multitud le gritaba que todo era inútil, pero ella seguía saltando, cada vez con más fuerza, hasta que, milagrosamente, salió de la fosa. Entonces todas le preguntaron: "¿No escuchabas lo que te decíamos?". La ranita, sonriendo, les dijo: "Es que soy sorda y cada vez que las veía a ustedes gritar y mover los brazos, pensaba que me estaban dando ánimo para salir del hueco".

Cuando estamos a punto de iniciar un proyecto nuevo o tomar una decisión importante, generalmente buscamos el consejo o la sugerencia de los demás. Pareciera que necesitamos la aprobación, el apoyo o la motivación que nos puedan prestar otros, en especial nuestros seres queridos. Pero, lamentablemente, en la mayoría de los casos, estas personas, en lugar de estimularnos y animarnos a seguir adelante, nos contagian su pesimismo, sus prejuicios y sus temores, y afectan y confunden nuestra motivación inicial. Inclusive, si la persona tiene cierto poder sobre nosotros, seguramente terminaremos haciendo lo que ésta nos indique, aunque ello suponga abandonar nuestro sueño sin siquiera haber intentado convertirlo en realidad.

No tiene sentido permitir a otros que nos desanimen y nos hagan perder la motivación y la confianza que experimentamos cuando estamos a punto de conseguir lo que tanto deseamos. Es muy importante aprender a convertirnos en nuestro propio motivador y contar con la seguridad y el optimismo requeridos para asumir el riesgo de ir por nuestros sueños cuantas veces sea necesario, y con la misma ilusión y confianza que lo hicimos la primera vez.

No es común encontrar personas optimistas que nos impulsen en el momento en que compartimos con ellos sueños y proyectos, pero si no es tu caso siéntete agradecido y dispuesto a reconocer el beneficio de sus comentarios, de su compañía y de su experiencia.

Claves para no claudicar

Busca el apoyo de un profesional. Habla con personas conocedoras del campo en el que se va a desarrollar tu proyecto, plantéale tus dudas y, sin afectarte por ellas, busca aclararlas. Eres tú quien elige buscar y escuchar a las personas que van a influir en tu toma de decisiones, por eso es importante que lo hagas considerando todo lo positivo que éstas puedan aportar con su entusiasmo, su experiencia, su conocimiento y su optimismo a tu proyecto. Evita compartir tu sueño con alguien que no tiene afinidad con él.

No des poder a otros sobre ti. Recuerda que ninguna persona puede dominarte o manipularte para que hagas lo que ellas quieran, a menos que tú otorgues la autoridad para hacerlo. Busca la independencia emocional y conviértete en tu principal motivador.

Aléjate de personas negativas. Evita la compañía de gente pesimista que siempre está compartiendo sus temores y sus prejuicios con los demás. Reúnete con personas alegres, optimistas y entusiastas que estén dispuestas a apoyarte o a compartir contigo sugerencias y experiencias con la intención de ayudarte a crecer y a conseguir tu éxito.

No desistas. Sin importar cuántos obstáculos encuentres en el camino hacia la consecución de tus metas, no claudiques. Recuerda que el elemento importante para alcanzar el éxito es la perseverancia. Cuando tropieces con el fracaso, hazlo parte de tu crecimiento y toma lo positivo que pueda darte para continuar tus anhelos. Si es necesario, ajusta el rumbo.

Fortalece tu voluntad. Éste es el combustible obligado para ponerte en acción y conseguir tus metas. Puedes activar la voluntad sólo si te valoras lo suficiente y consideras que realizar ese cambio, tomar esa decisión o hacer un trabajo es importante y beneficioso para ti. ¡Ése es el secreto!

Gana seguridad. Confía en tu capacidad, en tus cualidades y en tu experiencia para conseguir tus objetivos. Sonríe y enamórate de tu sueño, pues sólo con pasión y determinación podrás realizar el trabajo hasta alcanzarlo.

Tú puedes llevarte a conseguir tus metas y a convertir tus sueños en realidad, confía en que tienes el talento, la capacidad y las herramientas esenciales para lograrlo.

El coraje para afrontar la vida

Un gran maestro y su guardián compartían la administración de un monasterio, pero el guardián murió y había que sustituirlo. Así que reunió a todos sus discípulos para escoger entre ellos al que tendría el honor de ser el nuevo guardián.

—Voy a plantearles una situación —dijo el maestro—. Aquel que la resuelva primero será el nuevo guardián del templo.

Sobre un banco de madera, en el centro del salón, puso un enorme y fino florero de porcelana con una hermosa rosa roja y señaló:

—Éste es el problema.

Los discípulos contemplaban perplejos el sofisticado jarrón, la frescura de la flor, la belleza del conjunto y el aroma de la rosa sin saber qué hacer. Todos estaban paralizados. Después de unos minutos un alumno se levantó, miró al maestro y a los demás discípulos, caminó hacia el jarrón con determinación y lo tiró al suelo rompiéndolo en mil pedazos.

—Maestro, disculpe, pero usted dijo que ese florero era el problema y yo acabo de terminar definitivamente con él.

El maestro, sonriendo, le dijo:

—Usted es el nuevo guardián, pues no importa qué tan fascinante sea el problema; hay que resolverlo lo más rápido posible para seguir adelante.

El problema que enfrentamos puede ser un gran amor que ya no tiene sentido, o un trabajo que debemos abandonar pero insistimos en mantener esperando a que algo pase y lo resuelva por nosotros. Sólo existe una forma de lidiar con las situaciones difíciles: reconocerlas, mirarlas de frente, resolverlas de raíz y seguir adelante.

Conozco a una persona que ha renunciado a la pequeña esperanza de recuperar a su pareja. Durante el año y medio que tenían divorciados, y por motivos de negocios en común, ella sufría el contacto que mantenía con él, a pesar de que se mostraba serena e independiente. Hoy ya está libre de ese recuerdo y de esos sentimientos. Puso los pies en la tierra y está lista para volver a comenzar.

Cada vez que terminamos un ciclo en nuestra vida experimentamos esa sensación de pérdida momentánea del rumbo. No sabemos qué hacer ni por dónde comenzar, pues siempre hemos buscado depender de personas, trabajos, lugares y objetos, pensando que así daremos estabilidad y sentido a nuestra vida. Cuando una etapa acaba y de nuevo aterrizamos redescubrimos nuestra identidad, nuestras capacidades, nuestro derecho a la independencia y poco a poco volvemos a recuperar la fortaleza y la confianza que nos permitan en algún momento establecer el nuevo rumbo de nuestra existencia.

¡Qué bueno que todo pasa!

Podemos permanecer un largo periodo inmersos en el sentimiento de pérdida, deprimiéndonos o viviendo fantasías creadas sólo por nuestra mente o deseando que algo suficientemente fuerte pase y que sea la señal que estábamos esperando para salir del pantano donde nos encontramos atrapados. Y sin importar las palabras y los esfuerzos que otros hagan para sacarnos de ahí, hacemos oídos sordos a todo lo que nos sugieren hasta que en verdad estamos listos para aceptar, soltar y volver a comenzar.

No dejes que la vida continúe mientras estás atrapado en recuerdos del pasado que te hacen daño. Toma la responsabilidad de tu existencia y construye tu propio destino lo más pronto posible. Concédete otra oportunidad y sal de ese encierro. Descúbrete de nuevo, pues aunque no te parezca, éste es el mejor momento para cambiar de vida. Recuerda: "Todo lo que termina o sale de nuestra vida, así sea en contra de nuestra voluntad y de nuestros deseos, representa una oportunidad para ganar libertad, madurez y sabiduría".

Para tener en cuenta

Hacer borrón y cuenta nueva. Decide comenzar una nueva etapa en tu vida. Suelta el pasado y concéntrate en el presente. Conoce tus miedos y enfréntalos con valor, fe y determinación; conviértelos en tus aliados.

Ponle color a tus días. Descubre qué te apasiona. Tómate el tiempo necesario y encuentra qué te motiva, qué te gusta hacer, cuáles son tus cualidades y, una vez que lo hayas definido, aprende a usarlas.

Concéntrate en lograr tus metas. Comienza a soñar de nuevo, enfócate en alcanzar tus metas. Escríbelas en una tarjeta y colócala donde puedas leerla todos los días. Pregúntate: ¿qué voy a hacer hoy para estar más cerca de conseguirlas?

Busca personas positivas que te apoyen. Es más sencillo cambiar nuestro estilo de vida si nos apoyamos o acompañamos de personas positivas y entusiastas que deseen lo mejor para nosotros. Déjate guiar y animar.

Haz planes para disfrutar tu nueva vida. Recupera la confianza en ti mismo y en tu capacidad para resolver cualquier situación. Abre tu mente y tu corazón para que encuentres el ritmo en tu vida una vez más.

Hoy puede ser el primer día del resto de tu vida. Llénate de alegría, entusiasmo, optimismo y pasión. Siempre podemos volver a comenzar.

La violencia sólo trae más violencia

Cerca de Tokio vivía un gran samurái. Acerca de él corría la leyenda de que era capaz de vencer a cualquier adversario. Cierto día un joven guerrero conocido por su agresividad pasó por la casa del samurái e intentó derrotarlo para así aumentar su fama. Primero le gritó y luego empezó a tirar piedras a su casa ante todos sus discípulos. Pero el samurái permaneció impasible, ignorando sus agresiones. Al final de la tarde, ya exhausto y humillado, el joven guerrero se retiró del pueblo, vencido.

Sus discípulos, decepcionados ante el hecho de que su maestro aceptara tanta agresión e insultos del abusador sin hacer nada, le preguntaron:

—Maestro, ¿por qué no usó su espada en vez de mostrarse como un cobarde ante todos nosotros?

El samurái repuso:

—Si alguien se acerca a ti con un paquete y no lo aceptas, ¿a quién le pertenece el paquete?

—A la persona que intentó entregarlo —respondió uno de los discípulos.

—Pues lo mismo sucede con la rabia —añadió el maestro—; cuando no es aceptada sigue perteneciendo a quien la carga consigo.

Un día decidí pedir información sobre un taller de pintura que quería tomar desde hacía tiempo. Fui entusiasmada porque por fin iba a cumplir un viejo sueño, pero cuando llegué al sitio y busqué a la persona encargada me sorprendió la hostilidad de su trato y la poca colaboración tras pedirle que me aclarara algunas dudas respecto del horario. Cuando salí de ese lugar pensé en tantas cosas: "Qué persona tan agresiva", "Cómo es posible que tengan a alguien así en la oficina de información"... pero después de un rato resolví que no me iba a dejar afectar. Consideré regresar a preguntarle por qué, y seguramente me diría que estoy equivocada, que por el contrario, ella fue la persona más amable del mundo. Este pensamiento me hizo recordar a otras personas e incidentes en los que la defensiva y la poca amabilidad han sido causa de enfrentamientos y reacciones violentas con graves consecuencias.

El nivel de agresividad en la calle es tan alto que a veces temes reclamar tus derechos frente a la actitud ofensiva y abusiva de otras personas que con viveza y audacia te agreden y pasan por encima de ti. Mientras más educado en términos de valores humanos sea alguien, más amplio será su margen para tolerar, comprender y actuar con madurez, amabilidad y responsabilidad. Podemos cambiar esa circunstancia que amenaza nuestra seguridad y bienestar si estamos dispuestos a mantener una buena actitud, ser amables y serviciales, y lo más importante: dar a otros lo mejor de sí, sin esperar retribución a cambio. Uno de los problemas a resolver es que siempre tenemos justificación para todo lo que hacemos, lo que hace más difícil el proceso de corregir nuestros errores y mejorar nuestra actitud. Asumir las equivocaciones con responsabilidad y cierta humildad en un momento dado marca el comienzo de un camino de revisión, dignidad y transformación personal. Los primeros beneficiados de ese cambio seremos nosotros y, por supuesto, las personas con las que nos relacionemos a diario.

Sal a la calle cada día con el compromiso de sembrar un poco de tolerancia, amabilidad, solidaridad, respeto y buena actitud en los demás. Con tu ejemplo mantendremos viva la esperanza de tener un mejor lugar donde estar.

Para tener presente

Defiende tus derechos. Cuando te sientas agredido o irrespetado por alguien respira profundo, calma la emoción que te produce y encuentra las mejores palabras para hacer saber al otro que no permitirás que abuse de ti. No tienes que ser más agresivo para que te presten atención, sólo sé firme.

No hagas mala cara. Sonríe todo el tiempo. No hay nada más agradable que encontrarse con una persona alegre que comparte lo mejor de sí; además, con amabilidad se puede desarmar la actitud agresiva de muchas personas.

Sé paciente. Cuenta hasta cien, si fuese necesario, antes de dejarte llevar por la impaciencia. Recuerda que los demás actuarán diferente a ti; aprende a reconocer los aspectos positivos de los otros. Colócate en el lugar de ellos y baja tu velocidad.

Usa expresiones amables. Cada vez que entres en algún lugar, aunque esté lleno de gente desconocida, saluda, di alguna frase agradable para suavizarles el día o simplemente usa los cumplidos.

Evita estar a la defensiva. Aprende a escucharte sin juzgarte para reconocer el tono emocional que usas cuando hablas, las palabras que dices y los comentarios que haces. Así podrás canalizar las emociones negativas que te hacen actuar de esa manera.

Es posible que tengas razones que justifiquen tu mala actitud, pero recuerda que los demás no tienen nada que ver con tus conflictos personales, así que no te descargues con ellos.

Sanar el corazón

Encontrarnos en un conflicto que no esperábamos puede llenarnos de ansiedad y de angustia. Sea cual sea el escenario no te desesperes, recuerda que siempre hay un camino para solucionar o mejorar las cosas.

Tal vez estés terminando una relación con tu pareja y te sientas herido y destrozado creyendo que nadie puede entenderte —y mucho menos ayudarte—, pues la traición y el abandono causan una profunda herida en el corazón que fácilmente nos lleva a la soledad y la depresión. Quizá tengas en tu alma un gran vacío por la pérdida de un ser querido y te parece que nunca podrás superarlo. O probablemente estás enfermo tú o un ser querido y te sientes solo, impotente y asustado, con una angustia difícil de soportar; o quizás enfrentes dificultades económicas que te hagan sentir agobiado, desesperado e inseguro.

Son tantas las situaciones que pueden causarnos malestar y angustia a lo largo de nuestra vida, que debemos aprender a afrontarlas y a manejarlas para salir lo más rápido posible de ellas y así evitar que nos hagan más daño.

Existen diversas herramientas que nos ayudarán a aliviar el dolor y a salir del estado que nos angustia. Lo más importante es tener presente que cada uno de nosotros debe asumir su propio proceso y darle solución sin depender de los demás.

Claves para liberar la angustia

Vivir el duelo. Lo primero que debemos hacer es aceptar y vivir nuestro duelo con entrega. Recuperarse toma tiempo, quizás una semana, un mes o un año, porque mientras más profunda sea la herida, más tardará en curarse. Algunas personas te dirán que ya pasará, que eres fuerte y que lo superarás, que todo es cuestión de tiempo; pero yo sugiero que no te apresures y que vivas con calma tu duelo. Consulta tu corazón y procúrate el tiempo que necesites. No evites afrontar tu realidad, pues si ignoras el dolor sólo retardarás tu recuperación y llenarás tu alma de resentimiento y amargura.

Reserva tiempo de soledad. La compañía de otras personas es importante, pero requerirás estar solo por momentos para recorrer tu proceso. La oración, la reflexión y la meditación te darán fortaleza interior, claridad y paz mental. Acepta la soledad; no obstante, evita aislarte completamente. Busca un verdadero amigo con quien hablar, desahoga tu alma y vacía tu mente de ideas o pensamientos negativos. Cuando expreses tus sentimientos en voz alta, escucharás tus pensamientos y mágicamente encontrarás respuestas y alivio a tus angustias.

Escucha tu cuerpo. ¿Qué alivia tu dolor? ¿Llorar? ¿Dormir? ¿Tomar un baño tibio? ¿O quizás una sopa caliente? Consiente tu cuerpo en esos momentos difíciles y así, poco a poco, te irás recuperando. Descansar profundamente y alimentarte bien harán que puedas restaurar la energía y la vitalidad.

Sal a caminar. Hazlo especialmente si estás preocupado, estresado o angustiado. Caminar nos sube el ánimo, disipa la tensión, aclara nuestra mente y renueva los pensamientos. Practicar alguna actividad física con disciplina relaja tu cuerpo, despeja y distrae la mente, y genera una perspectiva diferente y positiva sobre lo que enfrentas.

Haz contacto con la naturaleza. Recuerda que ella es una madre lo suficientemente grande y amorosa para acoger tu dolor y darte la serenidad y la tranquilidad que necesitas. Contemplar un atardecer, observar la majestuosidad del mar o bañarte en él, el esplendor de una montaña, abrazar un árbol, respirar aire puro, nos devuelve la paz contagiosa que refleja la naturaleza y que sosiega nuestra alma.

Practica el perdón. Tal vez necesites perdonar a quien te ha hecho daño. Perdonar es una bendición que te libera del resentimiento y la amargura. Mientras transitas por el sendero del dolor hacia la recuperación de tu equilibrio y de tu tranquilidad sé paciente y amable contigo mismo, no te desesperes ni te castigues. Todo es para aprender; usa tu dolor para crecer interiormente, pues esa situación difícil puede darte la fuerza necesaria y una nueva perspectiva para que cambies y mejores tu vida.

Sin importar cuán difícil sea la situación en la que te sientas atrapado, ¡ten confianza! Estoy segura de que podrás superarla y que pronto volverás a sentir la alegría y las ganas de vivir. Fija la atención en todos los elementos positivos que también tiene tu vida para fortalecerte y animarte.

Vencer la culpa

De camino hacia su monasterio, dos monjes encontraron a una bellísima mujer a la orilla de un río. Al igual que ellos, ella tenía que cruzarlo, pero bajaba demasiado crecido, de modo que uno de los monjes la cargó y la pasó al otro lado.

El otro monje estaba escandalizado y, por espacio de dos horas, estuvo censurando a su amigo.

–¿Has olvidado que eres un monje? ¿Cómo te has atrevido a tocar una mujer para transportarla al otro lado del río? ¿Qué pensará la gente? Has desacreditado nuestra religión.

El monje escuchó pacientemente el interminable sermón. Al final, le dijo:

–Hermano, no sé si hice bien o hice mal, pero yo he dejado a aquella mujer en la orilla del río. En cambio, tú eres quien la lleva ahora.

Muchos de nosotros vivimos acompañados por una especie de voz interior que nos manipula y amarga, y si se lo permitimos, puede hacernos daño: la culpa. Éste es un sentimiento muy humano que a veces nos impide lastimar, afligir o decepcionar a los demás, pero que si lo llevamos al extremo puede ser destructivo, porque en diversas ocasiones puede llevarnos al estancamiento o a la depresión. La culpa, generalmente, se convierte en una compañera negativa cuando se instala en nosotros, porque nos hace sentir disminuidos, en deuda, avergonzados y, a veces, hasta rabiosos y defensivos frente a las personas o a las situaciones que nos recuerdan el error o la falta que cometimos. La culpa es una especie de nube gris que se posa encima de nosotros, cortándonos toda posibilidad de recuperar la felicidad y mantener el bienestar personal. Si tu conciencia no te deja en paz después de haber intentado corregir o reparar el daño que has causado, o si te culpas por algo del pasado, vale la pena que hagas el esfuerzo de perdonarte y darte otra oportunidad para resolverlo. La culpa es como un dolor que por instantes nos muestra que algo no anda bien en nuestra vida y nos recuerda que debemos actuar para calmarlo y sanar la causa que lo produce.

Si en tu vida hay culpa

Haz lo posible por reparar el daño. Si has cometido un error o causado un daño a alguien con o sin intención, siéntete dispuesto a pedir disculpas y a hacer lo necesario para corregirlo o sanarlo. Ponte en acción y deja de castigarte recordando lo que pasó una y otra vez. Piensa cómo podrás resolverlo y enfrenta a las personas involucradas, muestra tu arrepentimiento y la disposición de reparar la ofensa o la situación.

Perdónate. Usualmente somos muy severos con nosotros mismos, debemos aprender a perdonarnos y ser más flexibles con nuestros errores y nuestras debilidades sin juzgarnos duramente. Ya no podemos cambiar el pasado ni borrar lo sucedido, pero sí podemos estar atentos y concentrarnos en el presente para no volver a repetir el error. Acepta las cosas como son y haz lo que puedas para reparar tu equivocación hasta donde sea posible. Entrega a partir de ahora lo mejor de ti, para sentirte orgulloso, tranquilo y sin culpa.

No te dejes manipular. No permitas que nadie te haga sentir culpable. Una frase, un gesto, un silencio prolongado pueden hacer que nuestra conducta cambie y terminemos haciendo algo que no deseamos. Para evitar la manipulación busca qué es lo que puede hacerte sentir culpable, aquello que te causa inseguridad, como el trabajo, la relación con tus hijos, tus padres, tu pareja, los amigos. Revisa quiénes de ellos te provocan ese sentimiento y quiénes te remueven los miedos; quítales ese poder. Decide, a partir de este instante, llevar las riendas de tu vida.

Haz lo que puedas y de la mejor manera. Existe un límite para todo, llega hasta donde humanamente puedas para remediar esa circunstancia complicada, pero si en algún momento hacerlo comienza a perjudicar tu equilibrio emocional, detente y acepta tus limitaciones, porque a veces no podemos solucionarlo todo. Esperar la perfección de uno mismo puede embrollar aún más el conflicto, especialmente cuando involucra la voluntad y la participación de otras personas.

Levanta tu estima. Las personas que se sienten culpables usualmente tienen actitud de perdedoras, porque evitan el éxito y la felicidad al creer que no lo merecen. Para terminar con esto aprende a reconocer tus aciertos y a aceptar que tu felicidad y el éxito personal no son la causa de que otros fracasen. Vive la vida a plenitud asimilando tus errores, dispuesto a corregirlos y a aprender de ellos. ¡Te mereces otra oportunidad!

Todos tenemos el derecho y la oportunidad de rectificar nuestros errores. Lo importante es que no los repitamos, sino que nos mostremos dispuestos a corregirlos y a enmendarlos.

Seamos parte de la solución

Un rabino mantuvo una conversación con el Señor acerca del cielo y el infierno, cuya diferencia esencial no alcanzaba a comprender.

—Te mostraré el infierno —dijo el Señor, y lo condujo a una habitación en medio de la cual había una enorme mesa redonda. La gente sentada alrededor estaba hambrienta y desesperada.

En medio de la mesa había una gran olla de cocido lo bastante grande para alimentar a todos y que sobrase. El aroma era delicioso y al rabino se le antojó. Las personas sostenían cucharas con mangos muy largos. Cada una de ellas descubría que podía alcanzar la olla y llenar la cuchara, pero como el mango era más largo que el brazo, no les permitía llevarse la comida a la boca.

Entonces el rabino comprendió el terrible sufrimiento de aquellos seres que permanecían juntos pero solitarios, sufriendo hambre frente a una abundancia inagotable.

—Y ahora te mostraré el cielo —expresó el Señor.

Entraron a otra habitación exactamente igual que la primera. Allí estaba la misma gran mesa redonda y la misma olla llena de cocido. Las personas también estaban equipadas con las mismas cucharas de mangos largos, pero se les veía bien alimentadas y sanas, reían y hablaban entre sí, juntas y solidarias. Al principio el rabino no entendió la diferencia.

—Es muy sencillo —aseguró el Señor—, estas últimas han aprendido a alimentarse unas a otras.

No hay relación personal, organización o comunidad que funcione en armonía, como una máquina bien engrasada, sin la solidaridad, la participación, la colaboración y el compromiso de cada uno de sus integrantes.

Es sorprendente el nivel tan alto de individualidad que existe hoy en día —para no llamarlo egoísmo— y cómo éste se refleja en nuestra convivencia diaria. Un ejemplo de la vida rutinaria es el tráfico; la mayoría de los conductores, digamos que impulsados por la urgencia, el estrés o las múltiples horas atrapados en el tránsito, se convierten en personas agresivas que te avientan el auto, que no te permiten hacer ningún cruce, mucho menos entrar al carril donde circulan, te tocan el claxon insistentemente como si de esa manera pudieran hacerte ir a más velocidad. Hay momentos en los que salir a la calle es como entrar en una jungla complicada y que por falta de la colaboración de todos el día se convierte en una experiencia agotadora y desagradable.

Lo mismo sucede en las casas de muchas personas, en las cuales el día a día transcurre dentro de una rutina acelerada, llena de pendientes y obligaciones familiares, con un exceso de responsabilidades no compartidas debido a la falta de participación y compromiso de quienes dejan el peso de los asuntos del hogar sobre los hombros de aquellos que los asumieron desde muy temprano.

En la comunidad vemos con preocupación los problemas, las limitaciones, las necesidades, y la mayoría optamos por conformarnos con criticar, juzgar, resaltar lo negativo. Algunas veces nos atrevemos a hablar en voz alta de lo que pensamos y ya, esperando a que alguien, pero nunca nosotros, haga algo para resolverlo.

Mientras tanto, ¿podemos hacer algo para cambiarlo, solucionarlo o mejorarlo? Es importante comprender que cada uno de nosotros debe asumir la responsabilidad de participar en la reconstrucción del espacio familiar, de la comunidad a la que pertenece, o de la ciudad en la que vivimos, para convertirlo con nuestro aporte en un lugar a salvo, agradable y bueno para todos. Conviértete en un motivador para los demás, a través de tu ejemplo y del entusiasmo, y el compromiso con el que asumas cada día.

¡Es tiempo de despertar! No podemos seguir adormecidos creyendo que nuestra situación cambiará o mejorará sin trabajo, compromiso y voluntad.

Es el momento para comenzar a reconocer y a valorar el trabajo, el servicio, la actitud y el comportamiento responsable y positivo de algunas personas a nuestro alrededor. Preguntarnos de vez en cuando: ¿qué puedo hacer para suavizar su carga, para colaborar, para contribuir? Estoy segura de que cuando surge la buena intención dentro de nosotros se despierta nuestra iniciativa y el deseo genuino de participar.

Para tener presente

- Deja de criticar a otros y obsérvate a ti mismo.
- No te justifiques cuando hagas algo equivocado.
- No te quedes estancado en tu comodidad.
- Decide compartir y tomar en cuenta a los demás.
- Muestra interés genuino por el bienestar de las personas que comparten tu entorno personal.
- Aunque nadie a tu alrededor reconozca tu esfuerzo, sigue haciéndolo y será el universo el que te recompense.

- Comparte responsabilidades en casa aunque te parezcan aburridas.

Acuéstate cada noche con la sensación maravillosa de haber aportado lo mejor de ti, en la búsqueda del bienestar colectivo. Sé un instrumento de unión y de paz.

Es cuestión de actitud

Un rey, debido a su pesimismo, se había enfermado y, en su agonía, de tierras lejanas llegó un médico a verlo; éste le dijo que lo único que lo salvaría sería ponerse la camisa de un hombre optimista.

Los heraldos y cortesanos se dieron a la tarea de buscar la valiosa prenda. Citaron a todos los hombres del reino y se presentaron muchas personas, pero todos estaban amargados porque les faltaban cosas para ser felices. Sin embargo, al final de la larga fila, estaba un hombre de apariencia risueña, que canturreaba y conversaba con los sirvientes, y observaba maravillado la pomposidad del castillo. Fue llevado ante el rey y éste le preguntó si era feliz.

—Por supuesto, majestad —contestó.

—¿Tienes suficiente dinero para vivir?

—En verdad no me falta nada para pasarla bien.

—Pero se ve pobreza en ti —replicó el rey.

—No necesito más, porque pienso que pobre no es quien tiene poco sino el que anhela mucho.

—¿Y tu salud?

Sonriendo, el hombre contestó:

—A veces me enfermo, pero la enfermedad es para mí un aliado que me avisa que debo cuidarme.

—Tal vez, pero te ves un poco viejo —repuso el rey.

—La vejez, como la muerte, es algo natural; a ambas las miro sin miedo y las asumo con dignidad.

—¿Y estás satisfecho con tu familia?

—Amo a mi esposa y a mis hijos, y los acepto como son; es más, los he educado para que sean libres y hagan lo que más les guste hacer, como lo hago yo.

Convencido, el rey humildemente le pidió su camisa y, para su asombro, le contestó:

—Lamento decirle que cuando sus soldados me trajeron, le regalé mi camisa al peón de la cuadra que tenía frío, por eso no tengo camisa alguna en el momento, pero cuando consiga una se la traeré sin falta.

El hombre se despidió y cortésmente se fue, pues necesitaba ir a trabajar, sin preocuparse en lo absoluto por la recompensa, dejando en la cara del rey una gran sonrisa.

Una actitud positiva, entusiasta y vital siempre nos impulsa a actuar, a disfrutar, a compartir y a vivir plenamente cada momento. Además, nos da una visión mucho más optimista de cada evento que se presenta en nuestro día.

Muchas personas han sido educadas en el miedo y mantienen una actitud negativa, temerosa y pesimista frente a la vida, lo cual se convierte en el obstáculo más difícil de superar cuando buscan cumplir sus sueños. La actitud negativa nos lleva a pensar y a imaginar siempre las cosas de la peor manera, y a dar importancia a los miedos y los comentarios negativos que nos hacen las demás personas. Es así como, sin darnos cuenta, perdemos la ilusión, la esperanza y el optimismo, y nos convertimos con nuestros comentarios en una nube gris que desanima y atemoriza a otras personas.

Lo bueno es que podemos cambiar esa actitud para transformarnos en seres optimistas, positivos y entusiastas. Una actitud positiva nos protege de la afectación que nos puedan causar las demás personas y las circunstancias difíciles de la vida.

También nos ayuda a descubrir las oportunidades en donde otros sólo ven dificultades, para asumirlas y afrontarlas de la mejor manera. De esta postura depende en alto porcentaje el éxito y el bienestar que experimentemos para gozar de una mayor y mejor calidad de vida.

La actitud involucra los pensamientos y las creencias que tenemos acerca de nosotros mismos, y la confianza que sentimos para resolver adecuadamente todas las eventualidades que se nos presenten; influye y afecta directamente nuestro estado de ánimo, las acciones, las relaciones personales, la salud y, finalmente, nuestra calidad de vida y felicidad.

¡Aprendamos a convertir todas nuestras vivencias en experiencias positivas!

Para tener una actitud positiva

Evita suponer. Cuando estés en una situación difícil, por dura que parezca, evita imaginar que sucederá lo peor. Piensa que todo se resolverá de la mejor manera y dedícate a buscar los elementos positivos que ésta también tiene. ¡Imagina y espera lo mejor con optimismo!

Llénate de entusiasmo. Cada mañana comienza el día agradeciendo el regalo de estar vivo. Sonríe y busca una razón para levantarte, un propósito, un proyecto o simplemente el deseo de compartir el desayuno con tus seres queridos. Decide comenzar con mucho entusiasmo y ganas el nuevo día.

Minimiza lo negativo. Resalta siempre cada elemento positivo que tenga cada una de las situaciones que enfrentas. Evita exagerar o dramatizar los aspectos difíciles o negativos, de manera que sea más sencillo solucionarlos.

Lo que creemos, pensamos y sentimos se refleja en la cara que damos al mundo cada día. Vence el pesimismo, llénate de optimismo y renueva tu actitud ante la vida.

Gracias a la vida

Érase una vez un hombre desesperado que acudió con un rabino buscando ayuda.

—Querido rabino —le dijo—, el panorama de mi casa es aterrador y no tiene pinta de mejorar. Mi mujer, mis seis hijos, algunos con sus respectivas familias y yo, vivimos juntos en una pequeña casa. Como estamos tan apretados, los roces y las discusiones están a flor de piel. Hemos llegado a un punto en que estamos todos gritando y peleando; ya no tenemos paz.

El rabino reflexionó unos minutos y sugirió:

—Si haces lo que te digo pronto mejorará tu vida y la de los tuyos. Pero antes dime algo: ¿tienes animales en la granja?

—Sí, tenemos una vaca, dos cabras, varias gallinas y seis patos —contestó agobiado el hombre.

—Estupendo, entonces regresa a tu hogar y mete a todos los animales dentro de tu casa a vivir contigo y con tu familia, y regresa en una semana, antes no.

El pobre hombre, atónito y sin decir palabra, obedeció las órdenes de su rabino sin comprender nada. Al llegar a casa, metió resignadamente todos sus animales dentro de ella.

Pasó una semana y nuestro amigo con grandes ojeras y cara de angustia, acudió al rabino y le expresó:

—La situación no puede ser más caótica y, con todo respeto, es peor el remedio que la enfermedad. Mi hogar se ha convertido en un establo; la vaca, por su tamaño, ha destruido todo; las cabras se comen las alfombras y los muebles huelen horrible; finalmente, las gallinas vuelan por la cocina ensuciando todo. Mis hijos casados, con sus familias, se fueron huyendo, pues no resistieron más, y mi esposa quiere abandonarme. Todos salen al amanecer y regresan tarde en la noche. Ayúdeme, por favor, se lo suplico.

–Pues bien, regresa a tu casa y saca a los animales.

Después de varios días, el hombre plácido y alegre volvió con el rabino.

–En verdad, no sé cómo darle las gracias, sus sabias palabras nos han sido de gran ayuda. Ahora que sacamos los animales, tenemos mucho más espacio y nuestra casa es un hogar limpio y acogedor. La vida nos vuelve a sonreír, mis hijos al salir temprano de casa consiguieron trabajo y los casados se marcharon a hacer su propia vida. Usted tenía razón: Dios nos ha ayudado.

A muchos nos puede pasar como al hombre de la fábula, porque estamos tan agobiados por las preocupaciones y el ritmo de actividad acelerado que mantenemos, que dejamos de ver y de reconocer los elementos positivos que tiene la vida. Al dejarnos llevar por el estrés diario y la vertiginosa carrera para conseguir las cosas que creemos necesitar, perdemos la capacidad y la disposición de hacer lo necesario para mantener la armonía y el bienestar de nuestro espacio familiar. Lamentablemente el estrés nos toma por completo sin que nos demos cuenta, al punto de trastornar nuestro carácter y nuestra manera de ser; nos convierte generalmente en personas agresivas, irritables y defensivas; nos hace ignorar y olvidar el valor que poseen los pequeños placeres de una vida sencilla.

Cada día creemos necesitar más, nada nos satisface y cualquier pequeñez nos amarga la existencia. A veces nos sentimos con derecho a todo, hasta que sin anunciar la vida nos pone en la justa dimensión.

Vale la pena detenernos y reflexionar acerca de esto, pues el deseo de adquirir o alcanzar una mejor calidad de vida material puede llevarnos a equivocar el camino, y al recorrerlo perder los regalos y las bendiciones que recibimos día a día y que debemos disfrutar, agradecer y compartir con los demás.

Conectémonos sólo con aquellas acciones, comentarios e ideas positivas que nos lleven a vivir a plenitud cada día y a gozar mucho más la vida, reconociendo que con frecuencia tenemos más de lo que en realidad podemos usar y aprovechar.

Claves para disfrutar y valorar lo que tenemos

Aprecia lo que tienes. Si haces una lista de tus bendiciones, te darás cuenta de que posees más de lo que en realidad puedes usar. Incluye en ella a las personas que te quieren y quieres, las pequeñas grandes cosas que disfrutas y los regalos esenciales, como la oportunidad de estar vivo y los momentos de felicidad y paz en tu vida.

Desecha lo negativo. El perdón y el olvido son los antídotos por excelencia para sanar el resentimiento y liberar las aflicciones y las experiencias negativas. Recuerda sólo lo bueno y lo positivo.

Deja de compararte. Evita mirar hacia los lados para fijarte en lo que tienen los demás, pues la envidia se apoderará de ti. Más bien concéntrate en cada esfuerzo que haces por conseguir tus metas y la paz interior.

Siéntete agradecido. Reconoce y valora todo lo que tienes, siéntete agradecido con las personas que contribuyeron

con tu bienestar y con la divinidad por todas las oportunidades y las bendiciones. Ésta es la base de la prosperidad.

Estar abiertos a reconocer todo lo positivo que también
ocurre en nuestra vida diaria hará que renovemos el opti-
mismo, el entusiasmo y la confianza en la vida.

Hacer siempre lo mejor

Había una vez un rey que tenía dos hijos y se acercaba el momento en que tendría que decidir cuál de ellos lo sucedería en el trono. Así que un día reunió a todos los integrantes de su corte y citó a sus dos vástagos. En esta reunión le entregó a cada hijo cinco monedas de plata y les dijo:

—Antes de que anochezca tenéis que llenar esta enorme sala. Sois libres para decidir con qué. Podéis usar las monedas si fuese necesario.

El hijo mayor salió a los campos del reino, donde los trabajadores estaban cosechando la remolacha para sacar azúcar de ellas. Pensó que una vez que la remolacha era prensada para sacarle el jugo, el bagazo era botado. Entonces llegó a un acuerdo con los trabajadores para que llevaran todos los residuos al palacio y llenaran la sala; como pago les entregó las cinco monedas.

El hermano menor pidió que retiraran toda la remolacha de la sala. Y una vez que quedó el espacio completamente vacío, entró con una vela en la mano, la colocó en el centro de la sala y la encendió. De pronto la sala quedó completamente iluminada, pues la luz llegó hasta cada rincón oscuro.

El rey, al comprobar la hazaña de su hijo menor, le dijo:

Tú serás mi heredero. Porque sin haberte gastado las monedas, trajiste la luz al palacio.

Podemos florecer ahí donde nos encontramos en este momento; es decir, conectarnos con las cualidades, los talentos, las experiencias y los mejores aspectos de nuestra personalidad para proyectarnos a través del trabajo que realizamos y del servicio que prestamos a otros.

Un contacto aparentemente casual puede representar la oportunidad de sembrar un poco de paz, esperanza, motivación, entusiasmo y confianza en la vida de otra persona, aunque se trate de un desconocido. El trato amable, la sonrisa, una frase de reconocimiento, un gesto amistoso o solidario, un comentario optimista o simplemente una palabra de saludo o de aliento, pueden ser el vehículo perfecto para lograrlo.

No podemos ignorar nuestra necesidad de personas más amables, honestas, comprometidas, serviciales y solidarias, dispuestas a participar en la recuperación de la calidad de nuestro entorno. Es mucho más cómodo evadir esta responsabilidad, y justificar el desánimo que nos conduce a participar en la indolencia, la irresponsabilidad o la agresividad de los demás, que vencer nuestra propia resistencia para ponernos en acción. ¿Pero tendrá sentido permitir que nuestro entorno se vaya empobreciendo, no sólo materialmente, sino con respecto a valores y calidad humana mientras esperamos que las personas que pensamos que sí tienen la responsabilidad de hacer algo para evitarlo, lo hagan?

Es tiempo de volvernos solidarios, tolerantes, comprensivos, conciliadores y, por encima de todo, proactivos, para poner en práctica la experiencia, el conocimiento y las buenas ideas que tenemos para superar, solucionar y manejar los problemas y las situaciones difíciles o conflictivas. Dejemos de criticar o de juzgar a la ligera y preguntémonos cómo podríamos resolverlo o mejorarlo.

Hagamos nuestro aporte consciente, responsable y voluntario, y encendamos la luz en nuestro mundo.

Estar dispuestos a dar lo mejor de nosotros hará que recibamos a cambio toda la abundancia y la prosperidad que necesitamos.

Claves para iluminar tu mundo

Sé solidario, vive sin egoísmos. Trabaja individualmente por el bienestar colectivo, no tengas pensamientos egoístas que sólo cuiden tus intereses a costa del bienestar de los demás, pues ésta es la forma segura de ir hacia el dolor.

Acepta a los demás como son. Si cesas en tu empeño de querer cambiar a otros, especialmente a tus seres queridos, y comienzas a encontrar en ellos cualidades, talentos y características positivas, te será más fácil motivarlos a mejorar su actitud o sus hábitos, con tus palabras y con tu ejemplo.

Sé considerado. Valora cada acción, gesto o detalle que otra persona tenga contigo, sobre todo si se esfuerza y sacrifica parte de su beneficio. Inmediatamente agradece y devuelve lo que has recibido.

Usa expresiones amables. Cada vez que entres en algún lugar, aunque esté lleno de personas desconocidas, saluda, di alguna frase agradable para suavizarles el día o simplemente usa los cumplidos.

Participa. No se requiere de grandes recursos; con tu ingenio y tu disposición es suficiente. Pon tu granito de arena, tu esfuerzo cuenta, es el momento de participar y de sumarlo al de otras personas. Además, así podrás canalizar las emociones negativas que te hacen actuar de esa manera.

Estar dispuestos a dar un paso más, a realizar un esfuerzo mayor, a hacer más de lo que nos corresponde, con tal de contribuir al bienestar o al éxito de los demás, nos permitirá experimentar la prosperidad y la felicidad.

Levántate una vez más

Hace unos días pensaba que no importa cuán difíciles hayan sido las circunstancias ni de qué manera nos hayan hecho sentir... siempre podemos —después de superar el duelo y pasar el tiempo suficiente en el aislamiento social en el que nos escondemos para sufrir y pensar una y otra vez en lo que vivimos— tomar la decisión de salir de ese espacio emocional profundo y negativo para volver a la superficie de nuestra vida.

Lo más importante es tener presente que podemos caer, detenernos y experimentar una pérdida temporal del sentido y la dirección de nuestra vida, pero luego debemos impulsarnos desde el fondo donde caímos para levantarnos con más fuerza, determinación y valor para comenzar de nuevo.

Una vez fortalecidos y cuando hayamos olvidado dichos acontecimientos, debemos reflexionar acerca de lo sucedido, siempre con la intención de llegar a una conclusión que nos permita cambiar la actitud, la creencia o el comportamiento que nos llevó a vivirlos, de manera que no necesitemos que vuelvan a presentarse en nuestra vida para aprender de ellos.

La vida está compuesta de ciclos, etapas y momentos, unos más agradables que otros, pero cada uno de ellos representa una oportunidad para aprender, crecer y madurar esencialmente. A través de estas experiencias siempre podemos reflexionar y reconectarnos con nosotros mismos, para hacer uso del conocimiento, la experiencia y las herramientas que tenemos para salir adelante. Al mismo tiempo, la dificultad que enfrentamos nos lleva a reconocer la presencia de Dios, reafirmar nuestras creencias, rescatar el valor de los afectos en nuestra vida, movernos poco a poco hacia un punto medio o simplemente ubicarnos en el presente para darnos otra oportunidad.

Cuando estamos afectados emocionalmente perdemos la claridad mental que nos permite analizar de manera objetiva una incidencia para darle solución. Por esta razón es importante abrirnos a la sugerencia o al comentario positivo que nos haga un buen amigo, esa persona que nos quiere incondicionalmente y que conserva la objetividad y la claridad mental necesarias para percibir la posible salida o la respuesta que buscamos. Desconectarnos del pasado significa apagar los recuerdos hasta que estemos fortalecidos para poder enfrentarlos sin que nos hagan daño. Tómate el tiempo necesario para sanar el dolor, lo más conveniente es dejarlo salir; aceptar lo sucedido sin hacerte muchas preguntas, especialmente ésas que no tienen una respuesta clara y satisfactoria en el momento. Esto te permitirá hacer cuanto sea necesario para superarlo, transformarlo o sanarlo.

Podemos construir una vida nueva y mejor, con dignidad, valor, responsabilidad, alegría, fuerza y fe. No olvidemos que son los momentos difíciles los que más nos enseñan. ¡Superarlos y usarlos como un trampolín para impulsarnos hará la diferencia!

Claves para levantarte una vez más

Quiérete lo suficiente para darte otra oportunidad. Rescata el aprecio y el valor hacia ti mismo. Haz contacto con tus talentos, dones y capacidades; evita pensar en tus limitaciones, errores y fracasos del pasado. ¡Piensa que estás en el umbral de una nueva vida, que traerá consigo lo mejor para ti!

Visualízate sano, feliz, alegre, exitoso, querido y en paz. Suavemente gira tu mirada hacia todo lo bueno, lo bello y lo positivo que ocurre y se manifiesta a tu alrededor. Abre una ventana desde adentro, para que el calorcito y el amor de las personas que te quieren y te acompañan entre y te suavice internamente. ¡Déjate acompañar por quienes hablan del presente con optimismo y alegría! Retoma lo positivo y envuélvete en esa energía.

Vuelve a comenzar con más fuerza, entusiasmo y determinación. Ocúpate sin sentirte abrumado para que puedas descansar al final de la actividad. No dejes de trabajar, hazlo sin presionarte, pues la actividad distrae tu mente y te desconecta del recuerdo negativo. Escribe afirmaciones positivas con frases de valor, fortaleza y recuperación; coloca estas tarjetas en lugares visibles donde puedas leerlas varias veces al día, especialmente cuando te sientas decaído.

Piensa que el término de una etapa implica el comienzo de otra. Mientras más le des vuelta en tu mente al recuerdo de lo que te sucedió, por más tiempo te acompañará el dolor; soltarlo no significa olvidar los buenos y gratos momentos o las condiciones agradables que también existieron, sino dejar ir el recuerdo triste y doloroso, para poco a poco volver a sentirnos plenos. Utiliza el perdón si fuese necesario para sanar el dolor y suavizar tu situación.

Si te abres internamente, la oportunidad aparecerá frente a ti... Tómala, no la dejes pasar y transformarás tu vida. ¡Siéntete querido y acompañado por la divinidad!

Al mal tiempo buena cara

Nadie alcanza una meta en un solo intento, ni la perfección en una sola rectificación, ni alcanza altura en un solo vuelo. Nadie camina por la vida sin haber pisado en falso muchas veces. Nadie recoge la cosecha sin probar muchos sabores, enterrar muchas semillas y arar y abonar mucha tierra. Nadie llega a la otra orilla sin haber hecho muchos puentes. Nadie deja el alma lustrosa sin el pulimento diario de la vida. Nadie consigue su ideal sin haber pensado muchas veces que perseguía lo imposible. Nadie reconoce la oportunidad hasta que ésta pasa por su lado y la deja ir. Nadie encuentra el pozo del agua hasta caminar por muchos días en la sed del desierto. Pero nadie deja de llegar cuando se tiene la claridad de una meta, cuando se tiene la voluntad y la certeza de la abundancia de la vida. ¡Confía en ti, sonríe y sigue adelante!

La mayoría de las veces afrontamos la vida con una actitud derrotista y pesimista. No nos damos cuenta de que nuestra cara refleja un estado de ánimo bajo y negativo hasta que otra persona llama nuestra atención al respecto. Llevamos el entrecejo fruncido, la boca apretada, los ojos semicerrados, generalmente mirando al piso o más allá, como si estuviéramos ensimismados en nuestros problemas y preocupaciones. Sintiéndonos de esta manera no podremos superar los momentos difíciles, mucho menos conseguir nuestro bienestar y éxito personal.

¡Es posible superar las bajadas emocionales! Deja de buscar culpables o responsables de tu malestar y decide asumir la responsabilidad de tu estado emocional, haz algo concreto para sacarte a flote y mantenerte la mayor parte del tiempo en la superficie de la vida. No permitas que lo que sucede a tu alrededor con cierta intensidad, y que a veces no depende de ti, te afecte o te haga perder el optimismo, la confianza y la sonrisa. Ahí donde estás, prueba cerrar los ojos por un par de minutos para recordar algún momento especial, feliz o divertido que hayas experimentado en tu vida; conéctate con los sentimientos que experimentaste en él y verás cómo automáticamente sonríes sin pensar.

¿Cuántas veces, a lo largo de un día, te sonríe la gente? ¿Cuántas veces eres tú el que sonríe, inclusive si las otras personas se muestran serias y distantes? ¡La sonrisa es la forma más barata de iluminar el mundo! Y es posible que en este instante estés pensando en que no tienes un buen motivo por el cual sonreír. Si es así, con más razón debes esforzarte en dibujar una sonrisa en tu rostro, para aflojar los músculos faciales y relajar la tensión que te hace apretar los dientes día y noche, y que mantiene tu frente y el entrecejo arrugados.

Cuando sonríes, tu cerebro reconoce el movimiento de los músculos de la cara y los asocia a emociones positivas y placenteras, estimulando así la producción de endorfinas en tu cuerpo. Con la práctica de la sonrisa tu estado de ánimo mejorará y te será más fácil cambiar de actitud.

Recuerda que el futuro no ha llegado todavía y que no está definido, por lo tanto no tiene sentido preocuparse por él. Suéltate del pasado especialmente si éste fue negativo, toma la decisión de vivir en el presente. Cambia tu actitud, sonríe, llena tu mente de ideas y pensamientos optimistas, y actúa en coherencia con ellos. De esta manera estarás participando en la construcción de un futuro positivo, diferente y mejor para ti y para todos.

Para tener buena cara

Usa el sentido del humor. Es muy importante aprender a reír a carcajadas y a conectarnos con el lado divertido que también tiene la vida. Aprende algunos chistes para compartir y dale rienda suelta a tu sentido del humor. Déjate contagiar por tus amigos más divertidos.

Actúa con entusiasmo. Sacúdete físicamente el desánimo y el pesimismo, mueve tu cuerpo al aire libre y exponlo un poco al sol. Retoma el entusiasmo y ponle pasión a cada movimiento y acción.

Cuida tu jardín interior. Fortalece tu espíritu y mantén tu balance leyendo libros positivos, escuchando música rítmica, alegre y brillante que levante tu ánimo; realiza actividades manuales y creativas que distraigan tu mente y renueven tus pensamientos.

Rescata momentos agradables. Recuerda experiencias positivas, llenas de felicidad y entusiasmo. Revisa las fotos de los buenos tiempos, mira películas familiares de celebraciones especiales cargadas de alegría, sonrisas y buenos sentimientos. Llénate de ellos.

Estírate y mueve tu cuerpo. No te quedes quieto, tenso y apretado... ¡Vamos! ¡Suéltate un poco!, ponte en movimiento, camina, haz ejercicio, realiza una actividad, sobre todo si ésta te divierte, te gusta o te hace sentir muy bien.

Rememora la presencia en tu vida de una persona querida, o algún momento feliz, o una celebración... ¡y sonríe! Recuerda que todo pasa y que siempre podemos volver a comenzar.

La magia del entusiasmo

Los integrantes de una humilde familia hacían lo posible por ser felices, pero como eran tiempos duros, a veces resultaba difícil. Bastaba con ver la fachada de su casa para darse cuenta de que algo no iba bien. Ya no se preocupaban por limpiar las ventanas ni cuidar el pequeño jardín que tenían al frente. La cerca estaba totalmente desbaratada y la puerta principal ya no tenía pintura.

Un día, el hijo mayor fue al mercado y mientras estaba allí, observaba con curiosidad a la gente entusiasta que compraba. Le llamó poderosamente la atención un bello jarrón, en un pequeño puesto donde vendían artículos de segunda mano. Al verlo, entusiasmado, buscó las pocas monedas que tenía en el bolsillo; era lo justo que se requería para comprarlo, pero hacerlo significaba que se quedarían sin dinero. Pensó que no estaban para derroches, pero era tan especial... Además, a su mamá le encantaría.

El vendedor, mientras se lo envolvía, le dijo:

—¡Disfrútalo y cuídalo mucho, porque este jarrón es mágico!

Y en efecto, toda la familia se entusiasmó con su compra, y nadie le reprochó que se hubiera gastado sus últimas monedas en él.

Un día, al observar la belleza del jarrón, el padre se dio cuenta de lo arruinada y descuidada que estaba la sala. Así que sin pensarlo, entusiasta, buscó la brocha y un poco de pintura que quedaba y en pocas horas dejó la habitación como nueva.

Cuando el segundo hijo vio lo bien que quedó la sala, tomó una cubeta con agua y jabón y lavó todas las ventanas. Cuando el tercer hijo miró a través de éstas, notó el terrible estado en el que estaba el jardín, así que cortó el césped, quitó las malas hierbas y removió la tierra.

El cuarto hijo, al ver la tierra limpia, plantó semillas. Cuando llegó el verano, la hija menor salió al jardín y notó que habían florecido las margaritas; cortó algunas y se las llevó a su madre para que las pusiera en el jarrón.

Cuando perdemos la motivación, el entusiasmo y la alegría, caemos fácilmente en un estado de abandono y apatía que se refleja en todas las áreas de nuestra vida.

Por lo regular nos quedamos esperando a que alguien tome la iniciativa o que ocurra algo que tenga la suficiente fuerza para cambiar y mejorar nuestra condición de vida, sin necesidad de hacer nada para conseguirlo.

Nuestra felicidad no depende de lo que tenemos o de lo que todavía no hemos podido conseguir. La felicidad depende básicamente de nuestra actitud y de la forma de asumir e interpretar la vida; no se experimenta afuera, sino adentro y cada uno de nosotros puede recuperar la motivación y el entusiasmo indispensables para construir su propia felicidad.

Cuando nos sentimos a gusto con nosotros mismos, disfrutamos cada cosa que hacemos y aceptamos y resaltamos los elementos positivos que tiene el lugar donde estamos, experimentamos la felicidad, que no es otra cosa que ese sentimiento de plenitud y de alegría interior. Cuando abrigamos sueños y trabajamos por su realización; cuando tenemos metas, aunque éstas sean pequeñas y cumplimos con ellas, atesoramos la satisfacción silenciosa de haberlas alcanzado a pesar de tantos obstáculos superados.

En ocasiones elegimos ser infelices por causa de situaciones pequeñas e intrascendentes a las que prestamos demasiada atención, permitimos que nos afecten profundamente y que nos hagan perder el equilibrio y la felicidad que teníamos. Seamos indiferentes a todo aquello que se presenta en forma negativa o distinta a lo que esperábamos, tomemos la decisión de atender y mostrar interés sólo en todo lo bueno y lo grato que nos suceda cada día, aunque sea muy pequeño; de esta manera podremos extender el bienestar y la alegría que nos facilitarán superar los momentos difíciles y disfrutar más de la vida.

Claves para retomar la vida con entusiasmo

Realiza tus tareas con alegría. Cuando hacemos nuestro trabajo con calidad, pasión, amor y entrega, podemos proyectar lo mejor de nosotros y conseguir los mejores resultados.

Cambia las viejas fórmulas. Si te repites una y otra vez los mismos pensamientos negativos, si te dejas manipular creyendo que la felicidad consiste en comprar y acumular, te alejarás cada vez más de la felicidad verdadera.

Involúcrate en nuevos proyectos. Es preciso renovar nuestra vida, llenarla de emociones y de proyectos nuevos. Siempre que te encuentres decaído y desanimado, haz algo que esté fuera de la rutina y renueva tu estado de ánimo.

Todo, absolutamente todo, puede convertirse en una actividad gratificante cuando se realiza con una actitud apropiada y el deseo de ser felices.

Convencer a otros

Un gerente tuvo una discusión muy fuerte con el dueño de la compañía, pues fue responsabilizado injustamente de no haber logrado las metas esperadas debido a problemas ajenos a la empresa. Éste llegó a su casa de mal humor y gritó a su esposa porque no estaba lista la cena, ella quiso justificarse, pues se había dañado la estufa, pero él ni siquiera la escuchó. La señora fue a la cocina y gritó a la empleada porque la comida que estaba preparando no era su preferida, a pesar de que horas antes ella misma había elegido el menú. La empleada, que era una persona amorosa y comprensiva, no le reclamó su maltrato, sólo le sonrió mientras le decía:

—Señora, le prometo que mañana haré su comida favorita y estará una hora antes de lo acostumbrado. Ahora discúlpeme, pero me gustaría cambiar las sábanas de su cama por unas más limpias y frescas, para que usted y su esposo puedan descansar en paz. No se preocupe, mañana se sentirá mejor.

En ese momento se interrumpió el círculo de la intransigencia, al chocar contra la tolerancia, la comprensión, la inteligencia y el amor.

Hace poco, en una reunión, se inició una discusión entre dos amigos. Cada uno le daba razones y explicaciones al otro para mostrarle que estaba equivocado. Cuando el tono de la discusión se elevó y comenzaron a gritarse, alguien trató de intervenir para calmarlos, pero lo callaron diciéndole que no se metiera. Al final, los dos quedaron enemistados y molestos y los demás quedamos con una sensación incómoda por lo sucedido.

Esto me hizo pensar en que a veces caemos en la trampa de querer demostrar que los otros están equivocados y que somos nosotros los que tenemos la razón. Nos sentimos tentados a apoderarnos de ella sin pensar en el costo que tendremos que pagar desde el punto de vista de la amistad, el dinero, el tiempo, la dignidad o la paz mental. El ego agrandado siempre quiere estar en lo cierto y se aferra a las ideas, opiniones y creencias por equivocadas que pudieran ser. El juego consiste en ser siempre dueños de la verdad, y en pensar y hacer notar que los demás están equivocados, sin considerar que de la misma manera en que no queremos estar de acuerdo con algunas personas, no todo el mundo debe estar de acuerdo con nosotros.

Existen muchas personas agresivas que están predispuestas a discutir, gritar y agredir a otras porque se creen dueñas de la verdad. Toda su energía está concentrada en debatir y en tratar a toda costa de desacreditar las ideas y el planteamiento de los demás.

No vale la pena, de ninguna manera, vernos involucrados en una discusión que de seguro no nos llevará a ninguna parte; en la que no tenemos la posibilidad de convencer a nadie, por más importantes que sean los hechos y lo bien que expongamos nuestros argumentos. Además, ponemos en riesgo nuestra tranquilidad, seguridad, tiempo y energía.

Oponerte a este tipo de personas les dará más fuerza e irritabilidad. Nunca entenderán razones y opondrán más resistencia cuando trates de influir con buenos argumentos en su forma de pensar y de actuar. Si tienes que dejar algo en claro, hazlo y déjalo así; evita insistir en una discusión estéril que, en lugar de establecer algún tipo de acuerdo o solución, se convierte en una pelea. Es más inteligente que aprendan por sí solas; la mejor manera de convencer a un cabeza dura de que está equivocado es dejar que se salga con la suya y se estrelle con sus consecuencias.

Siempre que te encuentres metido en una discusión trata de salir lo más rápido posible de ella. Puede que sientas la tentación de seguir adelante, creyendo que hay posibilidad de convencer al otro. ¡No caigas en la trampa!

Dejar que alguien te moleste es permitir que te controle y que tenga poder sobre ti. Mantenerte sereno siempre te permitirá actuar de la mejor manera.

Compartir la razón nos da la posibilidad de mantener una mejor relación con las demás personas y nos permite disfrutar un mayor bienestar.

Ceder o no... he ahí la cuestión

Un acaudalado padre de familia contaba a su amigo lo desesperado que estaba por la actitud rebelde e insoportable de su hijo, ya que a pesar de que siempre lo había complacido en todo, éste parecía insatisfecho y fastidiado con su vida.

—Yo trabajo como un loco para que mi hijo disfrute una bella casa, una buena escuela, viajes en vacaciones, todos los juguetes y la ropa de moda, pero nunca está satisfecho.

—Tú tienes la culpa de la vida que ahora lleva tu hijo —respondió su amigo—, pues trataste de darle lo que nunca tuviste, pero en exceso. Le has dado y resuelto todo; él sólo recibe y recibe, sin tener que hacer ningún esfuerzo.

—Bueno, ¿qué crees que debo hacer?

—Es fácil: quítale los privilegios, devuélvele el sabor de la vida; en vez de ese costoso curso de verano en el extranjero a donde acostumbras enviarlo, llévalo una temporada a la casa donde te criaste.

—Pero esa casa es pobre, está en el campo, no tiene ninguna comodidad —respondió confundido el padre.

Después de mucho pensarlo, decidió tomar el consejo de su amigo y llevó a su hijo a la incomodidad del campo. A pesar de las amenazas y manipulaciones del niño, lo dejó en manos de una familia humilde que conocía desde su infancia y que ahora vivía en la que fue su casa paterna. Pasado un mes, regresó a recogerlo, pero... ¡qué agradable sorpresa!, su hijo había dejado de ser el taciturno y rebelde niño que era; encontró otro, que sonreía, saltaba y hablaba sin parar.

De regreso a casa le preguntó:

—¿Qué te pasó, hijo mío, que estás tan alegre?

—Bueno, papá, fue muy interesante y divertido, pues en casa sólo tenemos un perro; ellos tienen cuatro y un caballo. En casa hay una piscina de agua estancada, ellos poseen un riachuelo con un lago en el que se puede pescar. Nosotros tenemos muchas lámparas en el jardín, ellos tienen millones de estrellas todas las noches. Nuestro patio tiene un gran muro, el suyo llega hasta el horizonte. Y como ellos no tienen televisión, se sientan a conversar y a compartir en familia, mientras que tú y mamá trabajan todo el día y casi no los veo. Gracias por estas vacaciones tan especiales.

¿A quién no le ha sucedido que al pasear por un centro comercial con sus hijos, éstos empleen los mil y un ardides para convencernos de comprar lo que quieren? Desde la rabieta y los gritos de los pequeños o el sutil "Mamá, ven sólo a mirar, no es necesario que la compres" de nuestra hija adolescente... Muchas veces, agobiados por un sentimiento de culpa, pensamos: "¡Se lo compro o no?" Es únicamente un dulce o un lindo vestido que sabemos que sólo se pondrá una vez, pero... al final cedemos. Tal vez darles en ese momento lo que quieren para evitar un berrinche o sentirnos culpables no nos parezca grave, pero a la larga esta salida fácil puede llevarnos a convertir a nuestros hijos en personas exigentes y malcriadas debido a nuestra incapacidad para poner límites y decirles *no*. De la misma manera, no darles responsabilidad cuando están pequeños, como hacer su cama, recoger o lavar su plato, o tolerar su desorden, hará que tengamos unos hijos consentidos, tiranos, egoístas e incapaces de manejar su vida.

Es necesario que aprendamos a ser menos complacientes y más firmes. Sé consecuente, no te vuelvas estricto o violento de un momento a otro a causa del estrés o el cansancio. Explícales claramente y con paciencia qué es lo que esperas de ellos y cuáles son las reglas en casa. No tengas miedo a ser parte importante y determinante en la vida de tus hijos; participa en su día a día, conoce todo lo que puedas sobre ellos, sus amigos, sus aficiones, su forma de pensar. Recuerda que estás ahí para apoyarlos y guiarlos. Si proteges demasiado a tus hijos, los convertirás en seres incapaces de vencer las dificultades; si les resuelves todo, ellos no aprenderán a hacer las cosas.

Claves para un mejor tiempo

No desatiendas a tus hijos, dedícales tiempo. Son momentos duros en los que debemos estar mucho más tiempo en la calle, pero si nos examinamos también pasamos mucho tiempo frente a la televisión o la computadora. Lleva a tus hijos de compras al supermercado, al taller a recoger el auto, a los deportes que practicas, al trabajo si puedes; a los niños que son involucrados en las actividades de sus padres les va mejor en la vida, pues aprenden de ellos al verlos actuar y, además, fortalecen el vínculo de relación afectiva.

Controla el tiempo y la calidad de la televisión y el internet que tus hijos usan. Más de dos horas diarias no es sano. Invítalos a hacer actividades fuera de casa y al aire libre. Interésate en conocer a sus amigos y a los padres de ellos; invítalos a tu casa, no importa lo humilde que sea; que se enteren de que allí hay una familia, reglas y disciplina, además de mucho amor y comprensión. Que sepan que tus hijos tienen una familia que los respalda y que quiere lo mejor para ellos.

El amor, el buen trato y la firmeza de las reglas y los límites amplios que les pongamos a nuestros hijos mientras estén creciendo, harán que se desarrollen y se sientan seguros en nuestra compañía.

En busca de la paz interior

Cuando comenzamos a revisar nuestra historia personal, casi siempre encontramos momentos agradables que nos dejaron una huella positiva e indeleble, que nos reconfortan en el tiempo y que podemos usar como un mecanismo para estimular en nosotros la presencia de buenos sentimientos y pensamientos para levantar el ánimo, recuperar la fortaleza y tener una visión más optimista de la vida.

De la misma manera, en nuestra vida vuelven a presentarse instantes que nos afectaron o marcaron con el dolor, y que con el tiempo y el olvido parece que desaparecieron en el pasado. Pero no recordarlos no significa necesariamente que los hemos superado. En la mayoría de los casos las emociones negativas asociadas a estos recuerdos continúan acompañándonos, nos inducen a tomar decisiones y a comportarnos de cierta manera o a que realicemos acciones inconscientes y equivocadas, motivadas por el dolor, la ira y el miedo que experimentamos en ese momento supuestamente olvidado.

Muchas personas permanecen conectadas con un pasado doloroso, reviven una y otra vez circunstancias difíciles y no pueden desprenderse definitivamente de ellas, pasar la página y vivir un presente distinto y mejor. Hay otras, por el contrario, que no quieren recordar lo vivido y actúan como si nada hubiese ocurrido. Para no sentir de nuevo las emociones negativas o el dolor que les causó aquello, bloquean el recuerdo sin tomar conciencia de que emocionalmente siguen ligados a él y aún les afecta. Esta actitud los hace entrar a un estado similar al que experimentaron con anterioridad, pero también les brinda la posibilidad de desahogar toda esa carga emotiva y comenzar a sanar de manera consciente y madura esas viejas heridas, en beneficio de su salud y de las relaciones que mantienen con otros.

No vale la pena guardar rencor o dolor en nuestro corazón, pues la víctima fundamental de esta decisión seremos nosotros mismos, al llenarnos de ira, deseos de venganza y convertirnos en la fuente de un resentimiento que nos envenenará y trastornará nuestra forma de ser y de interpretar la vida.

No importa qué tan grave, difícil o doloroso haya sido lo que viviste o lo que te hicieron, puedes, con amor y voluntad, a través del perdón, desprenderte de todas esas emociones, aliviar tus heridas afectivas y llenar ese espacio vacío con sentimientos nuevos y positivos. ¡Mereces estar en paz!

Pasos para perdonar y recuperar la paz interior

Pasar la página. Mientras conserves el recuerdo de lo sucedido, recreándolo en tu mente con frecuencia, más fuerza cobrará y más daño te causará. Decide terminar con esa parte de tu historia, y prepárate para pasar la página y soltar.

Vivir el duelo. Lamentablemente tendrás que revivir lo sucedido para sacar todas las emociones que todavía se encuentran guardadas dentro de ti. Te recuerdo que debes hacerlo con esa parte de niño que hay en ti, sin analizar o evadir ningún sentimiento o pensamiento; de esa manera podrás reconocerlo y vivirlo para liberarte de todo ello.

Perdonar. Una vez más te recuerdo que practicar el perdón de forma consciente y desde el amor, te dará la liberación de la carga emocional que has llevado durante tanto tiempo. Anímate a hacerlo, con voluntad y con el deseo de poner todos tus asuntos afectivos en orden y en paz.

Minimizar las situaciones difíciles. Vale la pena revisar la importancia que le damos a ciertas eventualidades para descubrir que no la tienen y evitar que te afecten tan profundamente que alteren tu carácter y tu forma de asumir la vida. Nada es lo suficientemente importante como para hacerte perder la paz.

Creer que mereces otra oportunidad. Muchas personas se sienten tan agobiadas por el peso emocional que les produce una situación, que deciden encerrarse en sí mismas para evitar que las vuelvan a herir. No tienes que vivir de nuevo una experiencia, sobre todo si estás abierto a superarla en verdad.

Fortalecer tu estima. Es importante que te valores lo suficiente para que puedas aprender de lo vivido y te sientas seguro de establecer límites en tu vida para protegerte, de manera que no repitas las mismas situaciones en el futuro.

La paz interior no significa ausencia de conflictos o de situaciones por resolver. La paz surge de la certeza de tener el conocimiento y las herramientas necesarias para afrontar lo inesperado con serenidad y confianza.

El tiempo no espera

Durante mucho tiempo parecía que mi vida estaba a punto de comenzar, la vida de verdad, pero siempre encontraba un obstáculo en el camino, algo que tenía que resolver primero, algún asunto por terminar, un tiempo que esperar, una deuda que pagar, hasta que me di cuenta de que estos obstáculos eran mi vida.

No hay camino para la felicidad, pues la felicidad es el camino. Debemos atesorar cada momento y mucho más cuando lo compartimos con alguien especial, recordemos que el tiempo no espera por nadie.

No esperes más, el momento es ahora, no tienes que esperar a que tengas tiempo, a que se presente la oportunidad, al próximo mes, hasta tener hijos, hasta comprar esa casa, hasta que salgan de la escuela, hasta el viernes, hasta la primavera.

No olvides, siempre trabaja como si necesitaras dinero, ama como si nunca te hubieran herido y baila como si nadie te estuviera viendo. La verdad es que no hay mejor momento para ser felices que ahora mismo.

Últimamente estoy haciendo el trabajo consciente de poner atención a la mayoría de las cosas que suceden en mi vida. Esto significa que estoy más dispuesta a reconocer las actitudes, los hábitos o los pensamientos que me impiden disfrutar todos y cada uno de los acontecimientos cotidianos. He descubierto que la mayoría de mis amigos y las personas con las que más comparto han ido perdiendo la capacidad de disfrutar el momento, inclusive de reconocer el valor de los placeres sencillos del día a día, y justifican esta actitud con un exceso de responsabilidades, pendientes, falta de recursos económicos y, por supuesto, de tiempo... Pero, en realidad, lo que nos sucede a la mayoría es que nos vamos convirtiendo en adultos programados y estructurados, acostumbrados a vivir hacia fuera, atemorizados por el futuro, atentos sólo a las cosas que suceden con intensidad, aunque éstas sean negativas. Olvidamos el niño sensible que siempre habitó dentro de nosotros y que es una parte esencial de quienes somos realmente.

Lo único que no debemos olvidar es nuestra capacidad de gozar al máximo cada momento o situación de la vida; no podemos postergar nuestra decisión de ser felices ahora, independientemente de que todavía tengamos metas y sueños por alcanzar, o de que pensemos que nos hacen falta ciertas cosas para conseguir la felicidad. Disfrutar no es sólo pasarla bien o que las cosas te salgan como tú quieres; en realidad lo que implica es que te sientas bien contigo mismo, con los demás, con lo que haces, con el lugar donde te encuentras en este instante... Puedes aprender a vivir el momento con pasión y a disfrutar todo lo que tienes, no le permitas a tu mente llena de prejuicios, temores o ideas limitantes que te impida hacerlo.

Claves para disfrutar la vida

Vive el momento. Cada vez que tu mente te lleve a preocuparte por el futuro, tráela de vuelta al presente. Atiende con todos tus sentidos lo que sucede en el momento, disfrútalo si es bueno, y si no, toma lo mejor sin dejarte afectar y aprende la lección que trae consigo.

Serena tus emociones. Aprende a aquietar tus emociones y a no dejarte atrapar por ninguna de ellas. Un poco de ejercicio, contarle a una persona de tu confianza lo que te pasa, hacer alguna actividad creativa, pasar tiempo al aire libre, puede ayudarte a recuperar tu balance emocional.

No te amargues por pequeñeces. No le des importancia a las cosas que en realidad no la tienen. Aprende a minimizar las situaciones negativas que no representan ninguna gravedad y que se pueden solucionar. Acepta lo inesperado en tu vida y búscale el lado positivo.

Rompe la rutina. Atrévete a hacer cosas diferentes. Puedes cambiar la ruta que usas para ir al trabajo o a tu casa cada día, incorporar pequeños espacios de ocio para compartir con tus seres queridos o con un amigo, levantarte más temprano y hacer un poco de ejercicio, o inscribirte en un curso de relajación, pintura o yoga el fin de semana.

Vive con pasión. Descubre qué es lo que te motiva y hace que suba tu entusiasmo, y practícalo. Haz un inventario de tus cualidades y apóyate en ellas para iluminar tu vida. ¡Vence el desánimo, el pesimismo y la apatía! Renueva las ganas de vivir.

Cambia tus hábitos negativos. ¡Tú eres la única persona que puede trasformar tu estilo de vida! Anímate a superar aquellos hábitos negativos que te impiden sentirte bien y disfrutar la vida. Valórate y quiérete más, para que tengas la voluntad, el valor y la determinación que necesitas para aumentar tu calidad de vida.

Ser consecuentes

Un maestro sufí decía acerca de sí mismo: "De joven yo era un revolucionario y mi oración consistía en decir a Dios: 'Señor, dame fuerzas para cambiar al mundo'.

"En la medida en que fui haciéndome adulto y caí en cuenta de que me había pasado media vida sin haber logrado cambiar una sola alma, transformé mi oración y comencé a decir: 'Señor, dame la gracia de transformar a cuantos entran en contacto conmigo. Aunque sólo sea a mi familia y a mis amigos. Con eso me doy por satisfecho'.

"Ahora que soy un viejo y tengo los días contados, he comenzado a comprender lo tonto que he sido. Mi oración hoy, es la siguiente: 'Señor, dame la gracia de cambiarme a mí mismo'. Si yo hubiera orado de este modo desde el principio, no habría malgastado gran parte de mi vida."

Es tan fácil reaccionar cargados de ira cuando otras personas nos molestan con su actitud o con sus comentarios que, sin querer, podemos agravar la situación con nuestro comportamiento.

Generalmente actuamos impulsados sólo por las emociones, como en piloto automático, sin que podamos hacer un análisis objetivo que nos permita ver si nuestra conducta realmente será la adecuada. Tal parece que si mostramos a otros que somos capaces de reaccionar de forma más agresiva que ellos, saldremos bien librados de la situación. ¿Pero será esto cierto?

Usualmente nos sentimos diferentes a los demás, creemos ser más civilizados, maduros, preparados, conscientes y hasta más espirituales, pero nuestros actos cotidianos en ocasiones demuestran lo contrario.

La verdadera labor de aquellos que se sienten diferentes, porque tienen una perspectiva más positiva y sabia de la vida, consiste en actuar siempre de acuerdo con sus valores y parámetros de vida, aun a pesar de que las demás personas no lo hagan e insistan en confundirlos y provocarlos para responder igual que ellos.

Hace algún tiempo leí una frase bellísima y muy profunda que decía: "Las personas que más te afectan son tus maestros, porque ellos te dan la oportunidad de practicar el amor incondicional, la paciencia y la aceptación verdaderas". Como ves, es mucho lo que podemos hacer para transformar al mundo con nuestra actitud y comportamiento diario consciente. Podemos sembrar esperanza, en la medida en que no permitamos que los demás nos contagien con su mal proceder y envenenen nuestro espacio interior con su agresividad, resentimientos, temores y frustraciones. Y si lo logran, no te justifiques, pues no hay razón suficiente para actuar (responder) con violencia. Piensa más bien en cuáles son las razones ocultas por las que reaccionaste de esa manera y tal vez descubras alguna herida del pasado que aún no ha sanado y puedas afrontarla y ocuparte de ella.

Para recordar

Piensa antes de actuar. En lugar de reaccionar, tómate un par de minutos para pensar cómo vas a responder y en lo que realmente quieres lograr con tu acción; seguramente lograrás tu cometido y, además, serás tú y no las circunstancias quien conduzca tu vida.

Busca tu balance emocional. Es importante que aprendas a canalizar tus emociones negativas, especialmente al momento de actuar. Practica la respiración completa imaginando que al botar el aire bajas tu nivel de afectación y mantienes la calma. Es preferible hablar después de que nos hayamos tranquilizado para poder solucionar la situación de un mejor modo.

Sé firme, pero sin violencia. Podemos hacer valer nuestros derechos con determinación y firmeza sin tener que usar la violencia si no es necesaria. La confianza en nuestras ideas y puntos de vista hará que afrontemos cualquier situación de una manera más efectiva.

Actúa por convicción. No lo hagas para imitar o complacer a los demás. Vive de acuerdo con tus valores y atrévete a ser tú mismo. Recuerda que vivir de manera diferente no es fácil, sobre todo cuando estás acostumbrado a recibir o a buscar el reconocimiento de los demás. Para sostenerte en tu posición necesitas convertirte en tu propio motivador.

Dejar de usar caretas y de actuar por conveniencia nos devuelve la libertad esencial de ser auténticos y de ser coherentes con lo que creemos, pensamos y sentimos.

Niños en tu vida

Un campesino paciente se casó con una mujer que tenía fama de poseer un carácter muy fuerte. Todos en el pueblo comentaban que ese matrimonio no duraría mucho, pues la novia era malcriada y no respetaba a ningún hombre. De regreso a la finca, después de la ceremonia, la mula en la que se transportaba el novio trató de tumbarlo y él le dijo muy tranquilo: "Va una". Más adelante volvió a pasar lo mismo y, sin molestarse ni alzar la voz, le dijo a la mula: "Van dos". Llegando a un riachuelo la mula brincó de nuevo y esta vez sí lo tumbó. El jinete le dijo: "Van tres", y a la primera persona que se cruzó con ellos en el camino se la regaló. La mujer, muy molesta ante la incomprensible acción de su nuevo marido, le comenzó a gritar: "Bruto, tú no sabes lo que me costó ese animal. ¿Qué has hecho? ¿Eres tarado? ¿Qué te pasa?", y comenzó a tirarle cuanto tenía a la mano. Él se le quedó mirando fijamente y, sin levantar la voz, le dijo: "Va una". Cuenta la leyenda que a partir de ese momento la pareja se respetó mutuamente y vivieron felices por siempre.

Debido al estrés del ajetreo diario y a las presiones a las que estamos sometidos en el trabajo, en el tráfico o en la calle, nuestro margen de tolerancia se vuelve muy pequeño y hace que perdamos la paciencia con nuestros seres queridos, en especial con los hijos pequeños que terminan siendo las víctimas principales de ese descontrol. Lamentablemente terminamos gritando o maltratando a quienes más amamos. Cuando maltratas a tus hijos física o psicológicamente su autoestima se debilita, pierden la confianza en sí mismos, se convierten en personas tímidas, resentidas y hasta agresivas; pierden su sonrisa y la posibilidad de ser felices. Por ninguna razón castigues a tus hijos con violencia o los humilles, nunca les grites o los intimides, pues te tendrán miedo y se alejarán de ti. Evita la manipulación o la agresión psicológica, no los compares, no los amenaces ni los hagas sentir menos que nadie. ¡Ámalos!

¡Los hijos son un préstamo que nos hace la vida! Cuando los recibimos asumimos una responsabilidad, con nosotros mismos y con el universo, de cuidarlos, educarlos y amarlos incondicionalmente. Maltratarlos física o psicológicamente los marcará para toda la vida.

Todos los extremos son negativos. Por ejemplo, algunos padres piensan que es positivo dejar que sus hijos hagan lo que quieran, sin establecer reglas o límites para educarlos y protegerlos. De esta manera se permite que se conviertan en pequeños tiranos que con su mal comportamiento afecten a sus compañeros, a sus familiares, incluso a ellos mismos. En estos casos será la vida la que encuentre el instrumento y la situación perfectos para enseñarles otra manera de vivir.

Como padres debemos estar siempre de acuerdo con lo que vamos a enseñar o a decirles a nuestros hijos, para que comprendan que tenemos una sola posición; esto les dará seguridad y estabilidad. Al momento de reprenderlos recordemos que las acciones son más efectivas que las palabras, porque los niños entienden la relación entre causa y efecto.

Un correctivo firme e inmediato hará que los niños entiendan que su mala conducta tiene una consecuencia.

Claves para corregirlos

El aislamiento. Apenas comience la pataleta, lleva o envía a tu hijo a su cuarto. Hazlo sin regañarlo y sin justificarte, dile que estará ahí hasta que se calme. Una vez que se tranquilice, levántale el castigo. No lo pongas en un lugar donde tenga juguetes o televisión, pues debe ser un sitio aburrido. Nunca lo dejes en sitios oscuros ni peligrosos y, aunque no le hables, es importante que él sepa que tú estás cerca.

Corta la comunicación. Si tu hijo comienza un *show*, vete a tu cuarto o al baño inmediatamente, sin alterarte y sin decirle nada. Al darse cuenta de que no tiene público presente tendrá que acabar su función. No cedas ante el embrujo de su ternura; si lo haces una vez perderás el respeto y la autoridad.

La responsabilidad es compartida. No dejes que tu pareja evada su responsabilidad de educar a los hijos y que ésta recaiga sólo sobre ti. Es importante que ambos participen en su educación y en su desarrollo. La congruencia, la tolerancia y la flexibilidad son necesarias al momento de educar a nuestros hijos.

Tómense un tiempo como pareja. Enséñales a los niños que hay un tiempo para ellos, en el cual dejamos todas nuestras ocupaciones para atenderlos y acompañarlos, pero que también existe un tiempo para ustedes, que ellos deberán aprender a respetar.

Podemos ser firmes sin necesidad de ser violentos o demasiado estrictos al momento de llamarles la atención a nuestros hijos. Es importante dejarles claro que a pesar de estar en desacuerdo con su comportamiento, los amamos incondicionalmente.

El agradecimiento

Aunque la nobleza vive de la parte del que da, el agradecerle
está de la parte de quien recibe; y pues ya dar he sabido, ya tengo
con nombre honroso el nombre de generoso; déjame el de agrade-
cido, pues le puedo conseguir siendo agradecido cuanto liberal,
pues honra tanto el dar como el recibir.

CALDERÓN DE LA BARCA

ace unos días tuve la oportunidad de conversar con
mi médico de toda la vida, un buen amigo. Estaba recién
operado, me sorprendió que sólo habían pasado cuatro
días de su intervención y ya estaba en su consultorio tra-
bajando. Le pregunté cómo se sentía, y me respondió:
"¡Perfecto!, tan bien que esta mañana llamé al doctor que
me operó. Como me respondió su contestador, le dejé un
mensaje. A los pocos minutos me devolvió la llamada con
tono preocupado; me preguntó: '¿Te sientes bien? ¿Te pasa
algo?' Y yo le respondí para tranquilizarlo: '¡Me siento
muy bien! Tanto, que decidí interrumpir el reposo y regresar a mi trabajo. Te llamé sólo para darte las gracias por
todo lo que hiciste por mí'. Se quedó unos segundos en
silencio, sorprendido... Igual me quedé yo hace un par
de años, cuando unos días después de hacerle una ope-
ración bastante delicada a una paciente, ésta me llamó

114

por teléfono. Yo la atendí pensando en cuál podría ser la complicación de su caso. Cuando me dijo: 'Doctor, lo llamo para decirle que me siento muy bien, como nunca antes, y quiero darle las gracias por haberme operado'. Me sentí tan sorprendido y conmovido que decidí que haría lo mismo alguna vez". Y allí estaba yo, escuchando esta pequeña historia y sintiéndome reconfortada por la actitud y los sentimientos maravillosos de seres humanos, como tú y yo.

Todos hemos recibido la llamada de algún amigo o familiar que se encuentra en alguna situación difícil y solicita nuestra atención, compañía, consejo, apoyo u opinión. Pero, rara vez, recibimos la llamada de alguno de ellos para decirnos que ya lo resolvieron, que todo está bien, o para agradecernos por haberlos apoyado. ¡Si supiéramos lo importante y reconfortante que puede ser una llamada para simplemente decir "gracias", seguramente lo haríamos más a menudo!

La gratitud es un sentimiento maravilloso que experimentamos cuando estamos abiertos a recibir. Éste nos permite, primero, reconocer y valorar lo que hemos recibido, lo que nos han entregado, lo que otros han hecho por nosotros, para apreciarlo.

Hay personas que piensan que los demás están obligados, por alguna razón, a darles lo que piden o necesitan, y que esto le quita el valor al esfuerzo o al trabajo que realizan. Pero lo cierto es que nadie está obligado a dar, entregar o compartir lo mejor de sí. Cuando agradecemos podemos disfrutar cada regalo esencial, desarrollamos la capacidad de reconocer cada aspecto positivo que esconde alguna situación difícil, somos capaces de tomar en cuenta a los demás, para observar y valorar no sólo lo que hacen por nosotros, sino también lo que realizan por otros aunque no los conozcamos ni nos beneficiemos directamente de ello.

¡El agradecimiento es una expresión de amor y respeto hacia los demás!

Deberíamos emular aquellas acciones y actitudes que nos parezcan positivas en otras personas, sin que nuestro ego se sienta disminuido por hacerlo. ¡Pensemos que a veces somos maestros y a veces somos discípulos! Caminar por la vida con los ojos del alma abiertos y atentos para observar todo lo que ocurre en nuestro entorno inmediato nos permitirá recibir más regalos esenciales que, a manera de tesoros, estimemos y compartamos con los demás.

Para expresar nuestro agradecimiento

Aprende a valorar todo lo que recibes. Reconoce el valor que tienen las cosas buenas que llegan a tu vida, aunque te parezcan pequeñas.

Da las gracias. Hazlo inmediatamente o dentro de los próximos tres días después de haber recibido el gesto, la invitación o el favor.

Déjate llevar por tu creatividad. Hay muchas maneras de expresar tu agradecimiento, busca una forma muy personal de hacerlo. Averigua los gustos o el interés particular de la persona que fue especial contigo y exprésale tu gratitud con un regalo o un detalle.

Escribe y envía una nota de agradecimiento. Tómate unos minutos para escribir una nota personal, afectuosa, en la que reconozcas y agradezcas la acción de la otra persona. No olvides hacérsela llegar lo más pronto posible.

Vivamos despiertos y atentos a reconocer todas las acciones y los gestos amables, generosos, solidarios y buenos que otras personas tienen con nosotros, sin pensar en que están obligados a hacerlo.

El poder de una actitud entusiasta

En plena Edad Media un peregrino vio en París a tres poblado-
res laborando con grandes bloques de piedra.
  −¿Qué están haciendo? −les preguntó.
  −Cortando piedra −dijo con indiferencia uno de ellos.
  −Ganándome unos francos −repuso secamente el segundo.
  El tercero suspendió su labor por un momento y con una gran
sonrisa y marcado entusiasmo respondió:
  −Estoy construyendo una hermosa y espectacular catedral
que va a ser la más importante de toda la región.

Pocas veces nos observamos en el espejo con detenimiento, pero sería una práctica maravillosa que nos per-
mitiría reconocer la cara con que salimos al mundo y en
donde se reflejan nuestros pensamientos y sentimientos
más profundos.

Mantener una expresión de agobio y una actitud negativa basada en el cansancio que sentimos, en las preocupaciones que nos inquietan, en los pendientes que
aún tenemos o en la falta de motivación para realizar
alguna labor, hará que nos hundamos lentamente, agobiados por el desánimo y el peso de toda esa carga mental
y emocional tan negativa que arrastramos.

¡Vale la pena que te animes, que hagas el esfuerzo
necesario por recuperar el entusiasmo y la motivación que

requieres para replantear tu vida y darle un nuevo sentido. ¡Sonríe! Deja de poner esa cara tan fea que muchas veces es la razón por la cual los demás piensan que eres una persona antipática, pesimista o egocéntrica. Evita sentirte víctima de las circunstancias y recuerda que tú eres el arquitecto de tu destino y que depende de tu conciencia, responsabilidad y elecciones, la posibilidad de cambiar y mejorar tu estilo de vida. Haz algo concreto para salir del cansancio que te agobia y que borra la sonrisa de tu rostro, que agacha tus hombros, dobla tu espalda y te aumenta unos cuantos años. Camina al aire libre y oxigénate, duerme unas horas más, toma una ducha larga y deja de quejarte por la vida que llevas.

Diviértete, deja de pensar sólo en el deber y las obligaciones; cumple con ellas, pero también invierte un poco de tu tiempo en hacer cosas que disfrutes, nuevas y divertidas. Hazte un cambio de imagen, córtate el cabello, cámbiale el color, ponte una camisa diferente, prueba otro perfume, inicia un régimen alimenticio, ve al gimnasio y sonríe. Reconoce todas las cosas positivas que también te suceden y aprende a valorarlas, disfrútalas y apóyate en ellas para salir a la superficie de tu vida cuando te sientas desanimado y pesimista. Vence el temor al futuro, a lo que imaginas que puede pasar de la peor manera; piensa en lo que podrías hacer para resolverlo si sucediera y cada vez que un pensamiento negativo te amenace, distrae tu mente y concéntrate en el momento presente.

Recupera el entusiasmo y la alegría de vivir, no importa cuáles hayan sido las razones o las circunstancias que te llevaron a perderlo, puedes recobrarlo rápidamente si así lo quieres, para retomar tu vida de una manera diferente y más positiva.

Cuando una persona se siente entusiasta, se olvida de sus pesares y de sus preocupaciones, tiene más energía vital y se siente capaz de superar los obstáculos y la dificultad. El entusiasmo nos inspira, nos da fuerza y motivación, y nos impulsa a realizar cosas; es como una llama que se enciende y activa nuestro motor interno y personal. Se trata de un sentimiento fuerte e intenso, pero a la vez frágil, pues así como se prende y nos asombra con su efecto tan positivo y especial, puede apagarse con facilidad.

Claves para potenciar el entusiasmo

Vístete con una sonrisa. Todas las mañanas, párate frente al espejo del baño y mírate fijamente a los ojos; repítete: "Hoy va a ser el mejor día de mi vida". Convéncete de que la vida te sorprenderá, cambia la expresión de tu cara, dibuja en ella una sonrisa amplia y trata de conservarla todo el día.

Llénate de pasión. El entusiasmo nos da la motivación y el ánimo para hacer cada cosa con pasión, compromiso y entrega. Sentir amor por lo que hacemos nos llevará a ser exitosos y a sentirnos más satisfechos con la vida que tenemos.

Aprovecha la inspiración. Cuando estamos envueltos en el entusiasmo se nos ocurren nuevas ideas creativas. La mente está más abierta y nuestros pensamientos son más positivos, claros y creativos.

Usa el impulso. El entusiasmo nos permite incrementar nuestra capacidad de trabajo para conseguir las cosas que deseamos. No dejes pasar la oportunidad de aprovechar el impulso.

Endereza la espalda, levanta la cara, mira hacia arriba y hacia adelante y sonríe. Pisa fuerte y camina con seguridad hacia el futuro con optimismo y mucho entusiasmo.

Sembrando valores

Mis hijas adolescentes conversaban despreocupadamente sobre las diferentes formas en que sus compañeros de estudio hacían trampa en los exámenes, de cómo los más vagos se robaban los apuntes y cuadernos de los demás. En ningún momento mostraron signos de desaprobación, sorpresa o desagrado ante esa conducta. Cuando les manifesté lo que pensaba sobre la falta de valores de sus amigos, me contestaron que eso era lo que hacían muchos y que tal comportamiento siempre llamaba la atención de la mayoría aunque no estuviesen de acuerdo.

En verdad me di cuenta de que la modernidad ha hecho de muchos jóvenes unos discapacitados morales; ahora sólo se admira y se respeta a las personas por lo que tienen y no por lo que son. La superación, los valores o el logro personal han quedado relegados por el éxito instantáneo y la vida cómoda. La superficialidad es el común denominador de la juventud. El consumismo, la fama, el dinero rápido y fácil son el objetivo inmediato, pues como dicen por ahí, hay que gozar la vida. Para muchos la meta es ser un artista famoso, una supermodelo o, peor aún, tener una superfigura para casarse con alguien de mucho estatus social y dinero, y así tener una vida cómoda. Éste es el sueño actual de la mayoría y harían lo que fuese por lograrlo.

Tenemos que evitar que nuestros hijos queden atrapados en ese mundo confuso y sin valores bien establecidos. Desarrollemos una estrategia para inculcarles valores y principios, hagámoslos conscientes de su importancia y rechacemos el abuso, el facilismo y la superficialidad.

Herramientas para orientar a los adolescentes

Da el ejemplo. Para nuestros hijos es más importante lo que hacemos que lo que les decimos. Tú eres el líder natural de tus hijos, ellos siempre te están observando, copiando y aprendiendo de todo lo que realizas, aunque no te des cuenta. Por eso debes ser íntegro y cuidadoso de todo lo que dices y llevas a cabo. Si te equivocas, rectifica delante de ellos, revisa las consecuencias del error, busca la mejor manera de corregirlo y gánate su respeto.

Analiza con ellos las reglas del hogar. Es vital hablar con tus hijos acerca de lo que piensas y lo que valoras; haz énfasis en lo que crees y en lo que no aceptas y POR QUÉ. No es suficiente dar unos consejos casuales; es importante explicarles siempre nuestras razones y analizar con ellos las consecuencias de nuestros actos a corto y largo plazo, así cuando tengan que tomar decisiones difíciles podrán actuar con un criterio claro y firme.

Incorpora los valores a la vida diaria. Los valores no pueden ser un concepto raro e incomprensible. Deben formar parte de todas nuestras decisiones y actos cotidianos. Cuéntale a tus niños historias de héroes; todos necesitamos admirar y seguir a alguien, pero no a aquellos que nos ofrece muchas veces la televisión, héroes de mentiras que sobresalen no por sus virtudes, sino por su dinero o su fama. Lean juntos cuentos con moraleja, analicen las noticias del periódico, resalten las conductas ejemplares. Juega con ellos a la semana de la verdad, en la que ningún miembro del hogar puede mentir por ninguna razón; también puede ser la semana de la honestidad, de la tolerancia, de la solidaridad... así involucras estos valores en su vida cotidiana.

Háblales de la "voz de la consciencia". Ese pequeño duendecillo que siempre nos acompaña y que nos dice lo que está bien o está mal. Algunos lo llaman consciencia; otros, sabiduría interior, intuición o ángel de la guarda; no importa cómo quieras nombrarlo. Lo esencial es que tus hijos sepan que estás ahí para acompañarlos, escucharlos y apoyarlos en todo momento.

Enséñales a ponerse en el lugar de los demás. Así nacerá en ellos la consideración, la compasión y la tolerancia; dejarán de ser personas egoístas y competitivas, y se convertirán en seres sensibles, solidarios. Muéstrales la realidad que existe afuera de ese mundo seguro y a salvo que ustedes crearon para ellos; llévenlos a compartir juguetes a un hospital; inviten a niños de escasos recursos a su casa; hagan trabajo comunitario.

Sé tolerante. Deja de ser el juez de todos los actos de tus hijos, nunca los hagas sentir culpables. Si en algún momento se equivocan, no les digas que son malas personas, sino que fue una acción equivocada, y proponles varias opciones para reparar el error; dales su lugar e indícales que fueron muy valientes al reconocer su falta. Reprenderlos sólo hará que disminuyan su autoestima, se depriman o tengan un comportamiento agresivo sin darse cuenta nunca de su error.

Acepta el reto con amor y siembra en ellos valores éticos y morales que les permitan tener una existencia más plena y satisfactoria, para que se sientan orgullosos de sí mismos. Así no necesitarán de ninguna recompensa externa.

De la teoría a la práctica

La mayoría de las personas son el producto de sus hábitos y tratar de cambiarlos es una tarea de titanes. Por ejemplo, si has comido mal durante los últimos diez años intentar revertir ese hábito será muy difícil porque estás acostumbrado a cierto tipo de dieta. Por eso hay que comenzar con un objetivo bien definido y, sobre todo, prepararte para realizar una transformación drástica de actitud.

Mientras más atento estés a obtener un resultado inmediato más complicado se te hará perseverar para conseguirlo. La mayoría de las personas que fracasan constantemente se repite frases como "yo debería", "tengo que", "espero hacerlo", "lo estoy intentando"... Éste puede ser como un mensaje dentro de una botella lanzada al mar sin esperanza.

Existe una serie de pasos que nos pueden ayudar a convertir las decisiones en acciones concretas para alcanzar nuestras metas. Éstos son algunos de ellos:

Paso uno. Convierte el deseo en acción. Si quieres cambiar un hábito negativo no será suficiente con desearlo, tienes que comenzar a actuar como si ya lo hubieras corregido. Asume el compromiso de hacerlo con determinación y responsabilidad.

Al contrario de lo que muchas personas piensan, no podemos cambiar un hábito con sólo decir: "Desearía hacerlo"... Lo más importante para lograrlo es fijarse como único objetivo un cambio inmediato de este comportamiento. Cuando avanzamos poco a poco, pero con determinación, la autoestima crece, aumenta nuestra confianza y capacidad para poder hacerle frente al siguiente reto.

Paso dos. Actúa como si ya lo hubieras logrado. Por ejemplo, si quieres bajar de peso debes empezar a sentirte y comportarte como si fueras esbelto, de esta forma tu actitud y el régimen alimenticio que sigas te harán bajar tallas de manera más fácil.

Cuando se baja de peso poco a poco el organismo y la mente acceden de un mejor modo al cambio. Si se quiere bajar de peso, subirse a la balanza o mirarse al espejo todos los días puede ser muy frustrante. La pérdida de peso es lenta y la diferencia entre los logros visibles y el esfuerzo realizado es grande. Lo que importa es concientizar las veces que evitaste el azúcar, las veces que no repetiste, las que renunciaste a ese tentador postre y no cuántos gramos menos refleje la balanza.

Paso tres. No cambies todo a la vez. Si decides transformar muchas cosas en tu vida al mismo tiempo lo que puede pasar es que no lo consigas.

Uno de los secretos para poder realizar un cambio exitoso es trabajar en una sola cosa a la vez, pues de lo contrario corres el riesgo de dispersarte y perder de vista el objetivo y la concentración. Por eso muchos proyectos fracasan en las primeras semanas, pues tratamos de empezar una vida nueva sustituyendo todos nuestros hábitos negativos a la vez.

Paso cuatro. No seas estricto; si te caes, levántate rápidamente.

Si tropiezas con algo no lo tomes como fracaso, tal vez has perdido una batalla, pero no la guerra. Límpiate el polvo de las rodillas y lucha por tu objetivo como si nada hubiera pasado. No busques la perfección porque ésta es la peor enemiga para disfrutar el proceso y conseguir tus metas. Evita ser estricto y si quieres darte un gusto hazlo sin experimentar culpabilidad y luego vuelve a tu rutina de cambio sin renunciar a tus metas.

Paso cinco. No lo sufras, disfrútalo. Generalmente no queremos renunciar a nada. Si vas a modificar alguna actitud no te sientas víctima del proceso. Piensa que estás haciendo un buen negocio al cambiar algo negativo por algo positivo. Por ejemplo, si te vas a olvidar de los alimentos *chatarra* aprende a cocinar e invita a tus amigos a compartir una comida sana y sabrosa. Además de bajar de peso comenzarás a comer mejor y harás nuevos amigos.

Paso seis. Busca apoyo. Si quieres tener apoyo desinteresado y abierto lo mejor es que lo busques en personas que persigan las mismas metas que tú. El éxito de grupos como alcohólicos anónimos o comedores compulsivos radica en que quienes pasan por las mismas experiencias se apoyan entre sí.

Atrévete a pedir ayuda, si la necesitas; no pienses que es una muestra de debilidad. Por el contrario, denota carácter, valor y fortaleza.

Acto de presencia

Un pobre campesino que regresaba del mercado a altas horas de la noche pasó junto al templo y al entrar descubrió que no llevaba consigo su libro de oraciones. Humildemente y con pesadumbre pensó en pasar de largo, pues no sabía qué decir y no quería importunar a su Señor con palabras necias, pero al fin se decidió a entrar y pararse frente al altar para orar de la siguiente manera: "Señor, he salido de mi casa sin mi libro de oraciones, y como tengo muy poca memoria no sé recitar ni una sola oración, pero de todas maneras quise entrar únicamente para saludarte y para que supieras que te amo, y como no tengo las palabras para expresarlo adecuadamente se me ocurre que voy a recitar el alfabeto cinco veces muy despacito, con mucha devoción, y tú, que conoces todas las oraciones, puedes juntar las letras por mí y formar las oraciones adecuadas que soy incapaz de recordar..."

Y el Señor dijo a sus ángeles: "De todas las oraciones que he escuchado hoy, ésta ha sido, sin duda alguna, la mejor, porque ha brotado de un corazón sencillo y sincero".

Hace días la tragedia tocó a la puerta de unos vecinos. A mi esposo y a mí nos llamaron en la madrugada para avisarnos que su hija, de 14 años, había sufrido un trágico accidente de tránsito. Y aunque los momentos fueron muy duros para sus padres, puedo decir que siempre estuvieron acompañados y apoyados por sus amigos más cercanos. Una pareja estuvo todo el tiempo con ellos, otros fueron a su casa a encargarse de sus hijos pequeños y a contestar el teléfono, otros a recoger los familiares que llegaban al aeropuerto, uno se llevó el perro a su casa...

Muchos de nosotros no sabemos qué hacer en momentos difíciles, no tenemos ni idea de cómo comportarnos; a veces, inclusive, nos alejamos pensando que si actuamos equivocadamente nuestra torpeza puede ocasionar más dolor que consuelo.

Por eso quisiera compartir algunas cosas que aprendí con esta experiencia y que podríamos hacer para atenuar de alguna manera los momentos de dolor y angustia que viven algunas personas cercanas a nosotros.

Ideas para suavizar la experiencia difícil de otras personas

Haz acto de presencia. Después de ver lo que hicieron los vecinos me di cuenta de que las personas que están pasando por esos momentos críticos necesitan de verdad la presencia y el apoyo de los demás. Es preferible hacer algo torpe que no hacer nada. Estar ahí, aunque sea silenciosamente, reconforta y suaviza un poco la vida.

Erróneamente creemos que las personas que sufren necesitan su soledad, pero es mejor acompañarlas discretamente, con mucho respeto, atentos para ofrecer una mirada de apoyo, un gesto de comprensión o una palabra amable y oportuna.

No es necesario que los acompañes por mucho tiempo, ni que los agobies con frases y atenciones, sólo es importante que estés un rato a su lado para que no se sientan solos.

Sé práctico. A pesar de la situación la vida continúa. Trata de ver qué es necesario hacer y hazlo. Organiza a los amigos, siempre se requiere alguien que ayude a hacer los trámites en la clínica o en la funeraria, alguien que reciba a los parientes y amigos que acuden a la casa, alguien que llame a los familiares que están lejos, que se encargue de las mascotas; siempre hay algo por hacer.

Sé discreto. Es importante el tacto, sólo di palabras amables que en realidad son las más sencillas. Evita externar: "Sé como te sientes". Este comentario es el más común y no hace ningún bien, pues la persona dolida puede pensar: "¿Cómo puedes saber cómo me siento si a ti no te está pasando?". Tampoco trates de minimizar la situación diciendo cosas como: "Bueno, pudo ser más grave".

Escribe una nota personal. Redacta tú mismo una nota; no importa que ésta sea corta o sencilla. Expresa con palabras propias tus sentimientos de apoyo, y sin temor habla de lo que esa persona significaba para ti, será agradable para sus allegados saber que te dejó una huella positiva.

Escucha. Tu presencia y tu disposición para escuchar son los dos regalos más valiosos que se pueden brindar. Estar dispuestos a escuchar suaviza la afectación y permite empezar a recuperarse. Sobreponerse a la pena puede ser un proceso largo y lento, reconstruir la vida y encontrarle sentido será duro y difícil, pero las pequeñas cosas cotidianas y el apoyo de amigos y familiares los traerá poco a poco a la normalidad y, como decía mi abuela: "Sólo el tiempo cura todo"; mientras tanto estemos ahí, para brindarles apoyo.

Los regalos de la vida

Un hombre desesperado gritó al cielo: "¡Dios, si existes, háblame!". Y entonces, una alondra del campo comenzó a cantar, una pequeña rana a croar y un bello gato a maullar, pero el hombre no escuchó nada de esto.

"¡Dios, háblame que no te oigo!" Y un trueno retumbó por todo el cielo, pero nuestro hombre tampoco lo oyó.

Mirando a su alrededor, desilusionado, dijo: "¡Dios, quiero verte, por favor déjame mirarte!" Y un sol resplandeciente apareció entre las montanas, los árboles se mecieron, las flores se abrieron, pero él ni siquiera lo notó.

Y el hombre susurró de nuevo: "Por lo que más quieras, muéstrame un milagro". Y en ese momento la lluvia cayó, el viento sopló, un niño rió, pero él ni lo vio.

Por último pidió: "Señor, necesito saber que estás conmigo". Dios se inclinó y tocó a nuestro hombre, pero él sacudió a una linda y colorida mariposa que se posó sobre su hombro.

A veces un cambio de vida, una pérdida o un fracaso hacen que maduremos, aceptemos el pasado y sigamos fortalecidos hacia adelante. Hay momentos en los que sentimos que el mundo que construimos con tanto esfuerzo se nos cae a pedazos, y perdemos temporalmente el rumbo y la dirección que llevábamos, se desequilibra nuestra manera de vivir y hasta se confunde nuestra identidad.

La pérdida es una experiencia por la que todos tenemos que pasar en algún momento: cuando nos cambiamos de casa, de ciudad o país, dejamos nuestras familias para independizarnos, perdemos el empleo, algunos de nuestros seres queridos mueren o se van, nuestros hijos inician una vida propia... Son muchas las situaciones que de una u otra forma debemos enfrentar y resolver.

Todo cambio, sea triste o feliz, requiere practicar el desprendimiento, desarrollar la capacidad de dejar atrás, para comenzar una nueva etapa de la vida. A través de estos procesos difíciles y a veces dolorosos, podemos aprender, crecer y ajustar nuestra visión e interpretación acerca de la vida, y alcanzar la madurez emocional.

Los momentos de pérdida y crisis representan una oportunidad excelente para reencontrarnos con Dios, cualquiera que sea nuestro concepto de Él. Practica la oración, la meditación y fortalece tu fe y la confianza en la divinidad. Busca en tu interior el consuelo, la fortaleza y la paz.

Generalmente valoramos más los regalos materiales que los esenciales que nos ofrece la vida cada día. Seguramente conocemos personas que se quejan y lamentan de su mala suerte constantemente, incapaces de reconocer y apreciar todo lo bueno y especial que ocurre día a día en sus vidas. Es el momento de cambiar la interpretación que damos a los eventos que nos suceden a diario, ajustar el exagerado valor que otorgamos a las cosas materiales y reconsiderar el que asignamos a las cosas pequeñas y simples, pero verdaderamente importantes, de la vida.

Cuántas veces aparece, como una especie de milagro, la sonrisa de una persona para levantarnos el ánimo en un día difícil; el comentario de alguien que nos mueve a reflexionar y nos inspira para encontrarle la solución a un conflicto; la ayuda bondadosa, solidaria y desinteresada que nos presta un desconocido, y que nos motiva cuando lo recordamos a actuar de la misma manera. O, simplemente, disfrutar el abrazo cariñoso de nuestros hijos, que nos reconforta y nos hace sentir queridos, o tomarnos unos minutos extra y detener nuestra rutina acelerada de todos los días para contemplar el amanecer o el jardín que sembramos hace tanto tiempo... Todos estos son regalos de vida que nos reconfortan, alivian, renuevan, motivan, inspiran y nos recuerdan que la divinidad siempre conspira para brindarnos el apoyo, la guía y la protección que necesitamos, valiéndose de los instrumentos más insospechados pero eficientes para hacernos llegar sus regalos.

Quiero invitarte a que abras tu corazón para que puedas reconocer, apreciar y agradecer cada regalo esencial que llega a tu vida y a la de los tuyos. Tal vez descubras que tienes mucho más de lo que pensabas y que necesitas aprender a disfrutarlo.

Comencemos un nuevo ciclo con una visión más limpia, objetiva y optimista, que nos permita descubrir en cada elemento o circunstancia esa partícula positiva presente en todos los acontecimientos de nuestra vida. Dejemos atrás en forma consciente y voluntaria todo aquello que nos haya sido difícil manejar y superar. Hagamos los cambios necesarios en nuestro estilo de vida para sentirnos mejor con nosotros mismos, con nuestras personas queridas y con la vida.

Todo sucede por algo; es decir, cada cosa que nos ocurre tiene el sentido de recordarnos, enseñarnos, reafirmarnos o fortalecernos... para darnos siempre la oportunidad de cambiar, ajustar o mantener el curso del resto de nuestra vida.

Claves para reconocer los regalos

Ubícate en el presente. Si logras quitar tu atención del pasado y del futuro para atender sólo lo que sucede en el momento, seguramente te será más fácil reconocer los pequeños milagros que ocurren en tu vida.

Detente unos minutos y valóralos. Muchas veces la prisa con la que vivimos no nos permite sorprendernos y apreciar las pequeñas cosas que suceden para suavizar nuestra existencia. Baja la velocidad de tu actividad y observa a tu alrededor con la mirada de un niño.

Abre tus ojos. No siempre las cosas llegan a nuestra vida de la forma que lo esperamos o pedimos; ten la apertura para reconocerlas y asumirlas. Siempre hay un momento y un espacio perfecto para que llegue a nuestra vida lo que deseamos o necesitamos. ¡No te desesperes!

Agradece y compártelo con tus amigos. Día a día llueven sobre ti innumerables bendiciones; cuenta tus bienes, a veces tienes más de lo que en verdad necesitas. Cuando nos damos a la tarea de contarle a otros las cosas buenas y especiales que nos ocurren, potenciamos la energía del entusiasmo, el optimismo, la confianza y la esperanza. Conviértete en eco de los comentarios positivos.

Haz algo bueno para que te sucedan. Si tú eres la causa que genera los efectos que después tienes que vivir, conviértete en una causa constructiva. Mantén una actitud positiva, sé un elemento conciliador que propicie la tolerancia, el entendimiento y el bien común en todo momento.

Cuando dejamos de observar lo que sucede a nuestro alrededor perdemos la capacidad de reconocer la belleza, la bondad, la gentileza, la solidaridad y la compasión con la que muchas personas suavizan nuestra vida.

Reducir la velocidad
para vivir mejor

Cuando atravesamos por un periodo lleno de preocupaciones, tensiones, conflictos o temores, el agotamiento y la alteración nos impiden reconocer y disfrutar los aspectos positivos que también tiene nuestra vida; inclusive, hasta nos quitan la claridad mental que requerimos para analizar objetivamente nuestra situación, de manera que podamos tomar la decisión más acertada para actuar de la mejor manera.

Muchas veces un comentario negativo, tener que enfrentar una situación difícil de aceptar o la presión que sufrimos por todas las responsabilidades y los compromisos que tenemos, suponen una sobrecarga complicada de manejar. Por esta razón, es bueno intentar bajar la velocidad con la que llevamos nuestra vida, es tiempo de preguntarnos si podremos continuar con ese ritmo por mucho más tiempo.

Generalmente nos obligamos a seguir adelante con nuestra actividad sin darnos el tiempo y el permiso necesarios para detenernos un poco y recuperar el balance y la claridad mental que nos hacen falta. Le exigimos a nuestro cuerpo la vitalidad que ya no puede darnos debido al estado de estrés en el que permanecemos.

Reaccionamos agresivamente a los cambios y exigencias de nuestro entorno, el tráfico nos desespera, todo lo que suponemos que puede pasar en el futuro nos inquieta, la situación económica nos quita el sueño y hasta discutimos con las personas que más queremos. Cuando el estrés y la tensión sobrepasan el límite de lo que podemos manejar, comenzamos a perder nuestro bienestar y la capacidad de dirigir nuestra vida.

Algunas emociones como la rabia, la frustración, el miedo, la tristeza o la envidia nos hacen perder la energía que requiere nuestro cuerpo para funcionar con la vitalidad y la claridad mental indispensable para ser objetivos al momento de actuar o de tomar una decisión. ¿Sabías que sólo unos pocos minutos de rabia pueden hacernos gastar más energía vital que un día de trabajo físico?

Evadir las eventualidades difíciles, como si así pudiéramos evitarlas, no nos librará de ellas. Por el contrario, tendremos que vivirlas en otro momento, porque seguirá siendo un tema pendiente por resolver. ¡Vale la pena reunir el valor y las herramientas adecuadas para afrontarlas y resolverlas!

Es importante conservar la calma, porque mientras más tiempo pases afectado emocionalmente, más difícil te será superarlo, desarrollar una actitud positiva, tener una visión optimista y evitar sentirte víctima de los demás o de la vida.

Recuerda que todos somos parcialmente responsables de las situaciones que vivimos.

Claves para recuperar el balance

Busca las causas del estrés. Revisa tu rutina diaria e identifica los asuntos que te causan tensión como, por ejemplo, tratar de resolver algo que no depende de ti, tener más compromisos o responsabilidades de las que puedes manejar, la autoexigencia, el perfeccionismo, problemas de relación con otras personas...

Y pregúntate qué puedes hacer para resolverlas.

Tranquiliza tu mente. Evita darle vueltas en tu cabeza, una y otra vez, a aquel pendiente que te preocupa o que te afecta. Practica dejar de pensar por unos minutos concentrando tu atención en cada cosa que haces. Trae tu mente al momento presente cada vez que sea necesario.

Acepta lo que no puedes cambiar. Cuando te encuentres en escenarios difíciles o inevitables es importante que asumas tu realidad sin fantasear o imaginar que será distinto. Esto te ayudará a enfrentarlos con fortaleza y optimismo, confiando en tus capacidades y en la presencia de la divinidad a tu lado para ayudarte a superarlos con el tiempo.

Usa tu libre albeldrío. Cuando te encuentres involucrado en un comportamiento que no te reporta ningún beneficio y que solamente te desgasta y consume energía, recuerda que puedes elegir dejar de hacerlo. Pregúntate ¿por qué estoy haciendo esto?, ¿a quién beneficio? Seguramente descubrirás que puedes cambiar de actitud y dejar de repetir ese hábito o esa conducta que te causa tanto daño.

Aprendamos a vivir más lento, a reducir la velocidad con la que entramos en actividad cada día, para ganar tiempo de calidad y compartir con las personas que amamos lo mejor de cada uno de nosotros. Vivir con menos deber y un poco más de querer nos hará tener una existencia más plena.

El arte de compartir

Eran dos jóvenes que mantenían una entrañable amistad. Vivían apaciblemente, pero el país entró en guerra, fueron aislados y conducidos al frente. Cayeron prisioneros del enemigo y pasaron dos años en un campo de concentración. Cuando la guerra terminó fueron puestos en libertad y cada uno siguió su vida en lugares diferentes. Diez años después se encontraron y, tras fundirse en un largo y emotivo abrazo, uno le comentó a otro:

—Yo ya olvidé todo aquello que nos pasó. Lo olvidé enseguida, como si no hubiera ocurrido. ¿Y tú, mi buen amigo?

—Yo no —repuso el otro con evidente amargura—, nunca podré olvidarlo. No hay un solo día en el que no odie intensamente a nuestros carceleros.

El amigo entonces replicó:

—¡Que lástima! Yo sólo estuve dos años como prisionero; sin embargo, tú continúas cautivo.

Es importante superar el pasado doloroso y difícil porque cuando permitimos su compañía nos amargamos, perdemos la ilusión, nos desgastamos y dejamos de disfrutar la vida. Por mi parte respeto tus sentimientos y las vivencias que hayas tenido, y no dudo ni por un momento de la seriedad y la gravedad de esos acontecimientos, pero tal vez éste sea el momento perfecto para recordarte que ¡ya pasó!, y que no hay nada que puedas hacer para borrarlo de tu vida. ¡Tienes que aprender a vivir con eso! A muchas personas les gustaría seguir sintiéndose víctimas de la actitud o el comportamiento de otros y de esta manera justificar su negativa a retomar la responsabilidad de la vida. Prefieren mantener su pasividad, su falta de entusiasmo para no tener que desarrollar el valor necesario, pasar la página y volver a comenzar. Vivimos la vida cargados con un gran equipaje compuesto, en su mayoría, por el recuerdo y las emociones negativas que mantenemos asociadas al pasado.

Toma la valiente decisión de soltar; inclusive puedes hacer un rito simbólico, como bañarte en el mar o subir una montaña, que te ayude mentalmente a aceptar que ya te desconectaste de ese evento y decide maduramente aceptarlo y aprender algo de ello, de manera que no vuelvas a necesitar pasar por la misma experiencia para hacerlo. ¿Sabías que casi todas las situaciones difíciles que vivimos nos dejan siempre algo positivo? Vale la pena encontrar ese lado, recuerda que nada sucede por nada, o más bien que todo ocurre por una buena razón, aunque no lo podamos reconocer en el mismo momento. La mayoría de nosotros tiene artilugios mentales para desaparecer las imágenes que decidimos borrar en algún momento y no recordar lo que vivimos o lo que nos hicieron. Pero esto no significa que ya lo superamos, y podemos darnos cuenta de eso el día en que una situación cualquiera hace que reaccionemos de una forma exagerada o absurda, debido a toda esa emoción negativa que todavía guardamos inconscientemente. Si estamos lo suficientemente atentos, esa actitud nos recuerda que todavía tenemos un pendiente por enfrentar y resolver, de lo contrario nos volverá a suceder, una y otra vez, hasta que lo entendamos y hagamos algo al respecto.

¿Cuántas veces dices que no a una invitación, a una oportunidad o a una posibilidad porque en el pasado fracasaste o viviste una experiencia negativa?

A veces lo que te frena ni siquiera fue lo que tú viviste, sino la referencia de lo que le pasó a otro... ¡Es tiempo de detenerte y reflexionar acerca de esto porque el único que puede cambiarlo eres tú! Deja de andar por ahí contando tus tristezas, tus pérdidas o tus derrotas.

Comparte sólo tus logros, tus experiencias positivas y enriquecedoras, siempre con la intención de motivar o apoyar a otros para que vivan las suyas. Seca esas lágrimas, sacude el polvo de tus rodillas, sal de ese cuarto pequeño en el que te has pasado tanto tiempo... ¡Es el momento de renovarte y ser libre del peso extra que te has impuesto!

Para tener en cuenta

- Cada vez que el pensamiento o la imagen de lo sucedido vuelva a ti, permítele entrar y salir libremente de la mente sin retenerla o profundizar en ella para que no te afecte.
- Perdona y envía pensamientos de paz, amor y felicidad a todas las personas involucradas con las situaciones difíciles de tu vida, aunque creas que no se lo merecen.
- Reafirma la confianza en ti mismo y en tu capacidad para enfrentar cualquier incidencia y salir victorioso de ella.

- Encuentra la lección oculta en esa experiencia y tenla siempre presente.
- Trabaja duro para construir otro estilo de vida; ten el valor, la decisión y la fortaleza para vivir como quieres.

Hay pocas cosas tan reconfortantes como tener la oportunidad de confiar en alguien. Deja de esperar y toma la iniciativa de acercarte a otros para compartir.

Los milagros cotidianos

Le preguntaron una vez a un maestro sufí:
—¿Qué es lo que te motiva a vivir con tanto entusiasmo y entrega todos los días?
Y él respondió:
—Cuando me despierto en las mañanas me siento sorprendido de estar vivo y no muy seguro de vivir hasta la noche. Por eso me maravillo cada vez que saco agua del pozo o corto un trozo de madera.
—Pero esto lo sabemos todos.
—Sí, lo saben, pero no lo sienten, así como nadie se puede embriagar por comprender intelectualmente la palabra vino.

En ocasiones me sorprende la incapacidad que sufrimos de reconocer y valorar todos y cada uno de los pequeños milagros que ocurren en nuestra vida diaria. Parece que estamos programados para ignorar las grandes manifestaciones de la divinidad y, peor aún, preferimos fijar la atención primero en los eventos o en las cosas negativas de nuestro alrededor. Hemos aprendido en muchos casos, desde pequeños, a valorar y a resaltar los problemas, las carencias, los errores, los fracasos, sin darnos cuenta de que al vivir de esa manera lo hacemos sintiéndonos tristes, desanimados, frustrados y desesperanzados respecto del futuro.

Para la mayoría no tiene nada de extraordinarias actividades tan sencillas como levantarnos en la mañana, sacar agua de la llave, hablar por teléfono con una persona o simplemente el hecho de sonreír. Pero cuando nos hacemos conscientes de estos milagros cotidianos se activa la magia, nuestro corazón se llena de asombro y por un instante dejamos de vivir adormecidos, como en piloto automático; revivimos esa capacidad de disfrutar y maravillarse que tienen los niños. ¡Te invito a practicar una forma diferente y más positiva de ver e interpretar la vida! En los próximos siete días dedícate a observar cada situación o acontecimiento que tengas que vivir, busca el elemento positivo y minimiza lo negativo. Esto implica dejar de quejarte, evitar juzgar o hablar de una forma pesimista, negativa o irresponsable acerca de la situación. Hacerlo te ayudará a cambiar y a mejorar tu actitud frente a la vida. En el reconocimiento de los pequeños milagros está la posibilidad de volvernos agradecidos con la divinidad, la vida y sus leyes inexorables, las personas que de una u otra forma contribuyeron para que las cosas salieran de una mejor manera, y hasta contigo mismo por desarrollar la capacidad de verlo y poder disfrutarlo. Todo es cuestión de actitud; si observamos con detenimiento descubriremos un milagro en cada paso que demos, y veremos cómo la vida nos brinda su apoyo para que todo marche bien. Es tan esplendorosa la vida que lo extraordinario se vuelve cotidiano y por eso los humanos lo damos por sentado y ni siquiera lo notamos.

Empecemos por el milagro de levantarnos cada mañana, ¿cuántas cosas tienen que funcionar bien para que esto pueda suceder? Detengámonos por un momento a observar la naturaleza en todo su esplendor, cómo comienza su frenética labor al amanecer y sigue haciéndolo durante todo el día y la noche, cumpliendo ciclos de manera perfecta. ¿No te ha sucedido muchas veces que después de salir de casa por alguna razón te regresas y te das cuenta de que dejaste el horno encendido? O estás fuera y al prender tu celular entra una llamada urgente de tu esposa(o) que está con el auto accidentado. O cuando encuentras unos billetes olvidados en una vieja chaqueta que te resuelven la vida. O esa supuesta enfermedad grave por la que debían hospitalizarte y que al final no fue más que una indigestión... todos esos detalles son pequeños y maravillosos milagros que te reconfortan y suavizan la vida. Es una bendición vivir un día nuevo en el que aparentemente no sucede nada especial, pero que transcurre lleno de diminutos prodigios. ¡Aprendamos a reconocerlos, valorarlos y agradecerlos!

Para recordar

Mantén siempre una visión optimista de la vida. Minimiza lo negativo y dedícate a resaltar todo lo positivo, que también está presente, para suavizar la situación. No seas profeta de lo destructivo.

Detén la película y disfrútala. Tómate unos minutos para observar, profundizar y reconocer tus sentimientos en un momento dado. ¿Has notado cuánto han crecido tus hijos o han florecido las plantas de tu jardín?

Bájale la velocidad a tus días. Generalmente vas con tanta prisa que te pierdes la posibilidad de disfrutar todas las cosas buenas y especiales que ocurren en tu vida. Detente y siéntelas para darle más calidad a tus días.

Sé agradecido. Da siempre las gracias a todas las personas que te permitieron vivir la experiencia de una mejor manera. Agradece al señor Dios por todas las bendiciones y los regalos esenciales.

> *Cuando estamos dispuestos a dar todo lo que tenemos sin condición, el universo conspira para devolvérnoslo en el momento en que realmente lo necesitemos... manifiesta milagros en nuestra vida y en la de las personas a las que damos.*

Dile no al miedo

En una ocasión, un león se dirigía hasta un lago de aguas tranquilas para calmar su sed y al acercarse vio su rostro reflejado en ellas y se dijo: "¡Vaya!, este lago debe ser de este león, tengo que tener mucho cuidado con él". Atemorizado se retiró, pero tenía tanta sed que regresó. Allí estaba otra vez el león. ¿Qué hacer? La sed lo devoraba y no había otro lago cercano. Retrocedió. Y unos minutos después volvió a intentarlo; al ver al león de nuevo abrió las fauces amenazante, pero tras comprobar que el otro león hacía lo mismo sintió terror. Salió corriendo otra vez, pero era tanta su sed que lo intentó varias veces, aunque siempre huía espantado.

Su necesidad de agua era cada vez más intensa así que tomó finalmente la decisión de beber, sucediera lo que sucediera. Así lo hizo.

Y al meter al fin la cabeza en el agua, el león desapareció.

Cuando el temor se convierte en nuestro más asiduo compañero y consejero comenzamos a actuar bajo sus impulsos, sin darnos cuenta del desgaste que nos produce vivir imaginando circunstancias terribles que tal vez nunca sucedan. Los miedos nos protegen pero también nos preocupan, nos inquietan y paralizan; frenan o imposibilitan nuestro avance y desarrollo personal.

El miedo es inherente al ser humano, es un aliado que permite anticipar y considerar los peligros a los que estamos expuestos en un momento dado, para activar nuestro sistema de alarma y protección. Pero existe otro, el que surge de los pensamientos y las ideas negativas y catastróficas, que es alimentado por rumores, comentarios y noticias fatalistas, y que nos estimula a imaginar su desarrollo siempre de la peor manera. Afrontarlo es el primer paso para superarlo.

Algunos de los miedos más frecuentes y cómo superarlos

Miedo al dolor. Si alguna vez estuviste en una situación de dolor y la superaste, puedes volver a hacerlo. Además, hoy en día existen muchos medios para tratar el dolor y minimizarlo.

Miedo a perder el control. Imagina de vez en cuando que sueltas el control de una situación, ¿que es lo peor que puede pasar si lo pierdes? Tal vez descubras que no necesitas ejercerlo y que puedes compartirlo o delegar parte de tus responsabilidades a otras personas.

Miedo al fracaso. Recuerda que quien comete un error siempre tiene la posibilidad de corregirlo y perfeccionar su próximo intento. ¡El fracaso es parte determinante del éxito! Enfrenta tus retos con la confianza de toda la experiencia acumulada.

Miedo al compromiso. Evalúa tus opciones, toma una decisión y sigue ese camino afrontando tus temores con valor en la medida en que van apareciendo. Evita concentrarte en lo que dejaste atrás y hazlo en todo lo que has ganado con él.

Miedo al cambio. Romper los patrones y afrontar lo desconocido siempre nos produce temor. Una transformación implica que una parte de nosotros o de nuestra vida muere para dar comienzo a una completamente nueva y diferente. Acepta que los cambios se acompañan de cierto malestar y no los rechaces por ello, atrévete a experimentarlos y a sacar el mayor provecho de ellos.

Miedo a la libertad. A muchas personas les cuesta tomar decisiones y asumir la responsabilidad que conllevan. Pero en realidad temen a su propia libertad. Con la práctica se aprende a decidir; atrévete a hacer elecciones tomando en cuenta tus deseos y tus sueños. Evita estar a la sombra de las decisiones que toman los demás.

Ejercicio para superar el temor

Sentado cómodamente con los ojos cerrados imagina un escenario que te produzca temor y luego sustitúyelo por una imagen agradable, positiva y tranquilizante; respira a tu propio ritmo y relájate. Verás cómo rápidamente baja la tensión y poco a poco aprendes a manejar tu ansiedad.

Hay personas que entran en un círculo vicioso en el que tienen sensaciones negativas tan reales que éstas agravan su miedo. No es fácil superar las crisis por sí mismos, por lo que es importante buscar el apoyo de un buen especialista.

Distrae la mente, ponte en actividad, ora, canta, silba o simplemente acompáñate para que puedas minimizar tus temores y enfrentarlos con coraje y confianza.

El árbol de la vida

También el rey de los leones envejece. Había sido el más fiero y poderoso de la selva, pero estaba viejo y casi ciego. A pesar de todo iba caminando con gran dignidad al frente de su manada de quinientos leones. Claro que, como apenas veía, al pasar junto a un pozo cayó en él. Los leones siguieron su marcha. ¿Para qué querían un rey viejo, enfermo y casi ciego? Lo abandonaron a su triste suerte.

Pero un joven león lo había visto caer en el pozo, y pensó: "Si durante tantos años he podido vivir a mis anchas, es porque él me alimentó, me protegió y me enseñó a cazar, me ha favorecido durante muchos años, así que yo debo ahora hacer algo por él". El león llego hasta el pozo y comprobó que el rey no podía salir, porque el caudal estaba bajo. Sacando fuerzas, logró desviar un canal hasta el pozo y, al subir el nivel de éste, el león pudo salir a flote y salvar su vida. No sabemos si el joven león y el rey siguieron juntos, pero nos gustaría creer que sí.

Todos llegamos al mundo a través de una familia que nos da la vida, el amor y el cuidado que necesitamos. Sin embargo, cada día hay más personas adultas que no logran sentirse a gusto con su familia. Las relaciones, a menudo, se tornan difíciles, llenas de resentimiento, rencor, envidia, competencia y falta de respeto a la elección de cada uno, especialmente en la etapa adulta. Poner en orden el amor hace que podamos reconciliarnos con nuestras raíces y rescatar para nosotros y para nuestros hijos los valores y las tradiciones que alimentaron nuestro árbol de la vida, que nos acompañaron cuando fuimos niños y que simbolizaron el amor, la educación y la protección que recibimos de nuestros familiares.

Cuando sufrimos el distanciamiento o la separación de nuestros familiares quizá se deba a ciertos acontecimientos difíciles que vivimos junto a ellos, y al no saber cómo solucionarlos optamos por la separación para calmar o desaparecer el dolor. Nos parece que de esta manera podemos dejar encerrados en una especie de cuarto oscuro del subconsciente aquellos recuerdos negativos que nos afectaron y que nos marcaron en la mayoría de los casos; cambiaron nuestra manera de ser o de relacionarnos con los demás. Lo cierto es que todavía siguen ahí, esperando la oportunidad de salir a través de alguna de tus reacciones, en el momento en que equis situación se asemeje a otra del pasado y estimule los sentimientos que tienes guardados. Por eso es muy importante hacer una especie de limpieza de viejos recuerdos con la práctica del perdón, eligiendo el momento en el que estemos más fortalecidos, de manera que vayamos al reencuentro con ellos para enfrentarlos sin temor; vaciar ese contenedor y volverlo a llenar con nuevos y positivos sentimientos y experiencias.

Reconciliarte y aceptar a tu familia es indispensable para sentirte bien contigo mismo y con los demás. Esto no quiere decir que debas insistir en mantener una relación ideal con ellos, sobre todo si no están dispuestos a hacerlo; lo importante será aceptarlos como son y propiciar encuentros de vez en cuando en los que el amor, la aceptación, el respeto y los límites permitan compartir e intercambiar el cariño, sin que influyan las diferencias personales.

Poder vivir la relación con nuestros padres, a través de la gratitud y el reconocimiento de todo lo bueno que nos dieron, hará que brote el amor incondicional que sane y fortalezca el vínculo que nos une.

Claves para buscar la reconciliación

Acepta a los demás tal y como son. Esto significa reconocer y admitir las limitaciones y los valores de tus familiares con empatía y tolerancia. Si te resulta muy difícil aceptar a alguno en particular, recuerda cuatro cosas positivas de esa persona en el pasado. Rememorar algún aspecto positivo te permitirá verlo de otra manera.

Trabaja en el perdón. En algunos casos no vale la pena recriminar a los padres los errores que cometieron, más bien perdonarlos y pensar que trataron de darnos lo mejor; comprender cómo fue su vida y qué recibieron nos permite conectarnos con el amor para sanar el pasado y borrar cualquier resentimiento que bloquee una nueva relación con ellos.

Asume la responsabilidad de tu felicidad. Deja de buscar culpables o responsables de tu infelicidad, ya no esperes a que te reconozcan y celebren junto a ti tu éxito personal. Busca tu felicidad experimentando la seguridad y el placer que produce vivir tu independencia emocional;

cuando la tengas, compártela con ellos sin temor a perderla o a que te la quiten.

Sé positivo. Mantén siempre una actitud positiva, minimiza lo negativo y exalta lo bueno. No te dejes enganchar por actitudes, comentarios o actuación negativa de los demás, recuerda que ya no son determinantes para ti, pues has adquirido madurez e independencia emocional y ahora estás en posición de dar y no de pedir.

Trabaja en la reconciliación familiar para que puedas poner todos tus asuntos del amor en orden y en paz. Reconectarnos con nuestras raíces nos da una base emocional, a partir de la cual construir una vida propia.

Despierta,
es hora de comenzar a vivir

Un hombre muy ocupado visitó a un sabio maestro. Había oído que era un santo y tenía mucho interés en conocerlo. Cuando al fin se sentó frente a él, éste le habló:

—Ya no eres joven, así que yo te diría que es conveniente que comiences a abandonar la vida que llevas y a ocuparte un poco más de ti.

—Lo haría —replicó el hombre—, ¡pero estoy tan ocupado! Atiendo mis negocios, voy a reuniones de trabajo, asisto a fiestas, charlo con mis colegas... En verdad no puedo parar. ¡Estoy tan ocupado!

El maestro repuso:

—Entonces manda a hacer desde ahora una lápida que diga: "Aquí yace un hombre que supo llenar su vida de inútiles actividades y nunca pudo vivir realmente".

Muchas personas luchan a lo largo de su vida por lograr cierta independencia; es decir, por tener la posibilidad de ser ellos mismos sin buscar o requerir la aprobación y el consentimiento permanente de los demás. Y, ciertamente, cuando somos muy jóvenes, no tenemos la madurez, la experiencia, la responsabilidad, ni siquiera el conocimiento indispensable para autoconducirnos, a pesar de que en la adolescencia pensemos que sí. Pero al llegar a la etapa adulta, cercanos a los cuarenta, cuando ya hemos terminado con casi la mayoría de las responsabilidades y los compromisos que consumen la mayor parte de nuestro tiempo —como los estudios, la independencia económica, el pago de la hipoteca, los hijos... y con la posibilidad de disfrutar un cierto margen de tiempo de calidad para nosotros—, algunas personas, aunque parezca extraño, eligen seguir viviendo vigilados, oprimidos o manejados por alguien que les dice qué hacer, cómo deben actuar o comportarse y qué es lo más conveniente para ellos. Si tienes una pareja, unos hijos, unos amigos o unos padres que constantemente te corrigen, te critican, te analizan, te juzgan, te dicen que no o tratan de dominarte, diles que a menos de que estés a punto de cometer un error grave o pongas en peligro tu integridad o la de los tuyos ¡te acepten como eres y te dejen ser!

Éste es el momento para comenzar a vivir una nueva y diferente etapa de nuestra vida, en la que podamos ser más auténticos, expresar con responsabilidad lo que pensamos y sentimos, revivir nuestros viejos sueños, practicar el *hobbie* que siempre quisimos, ser más espontáneos para hacer aquellas cosas que nos atraen, que nos inspiran o que nos relajan y, ¡ojalá!, tener el regalo de poder compartirlo con algún ser querido. ¿Qué estamos esperando para hacerlo?

Tal vez eres de las personas que piensan tanto lo que van a hacer, que terminan quedándose donde están, repitiendo y conservando su mismo viejo estilo de vida, sin atreverse a modificarlo o a incluirle un par de cambios para darle color, emoción y pasión a sus días.

La verdadera libertad llega a nosotros como consecuencia de la madurez, la experiencia, la responsabilidad y la conciencia que hemos adquirido a través de los años, pues sólo entonces podemos ejercerla sin que esto signifique evadir alguna de nuestras obligaciones o hacer algo que atente contra nosotros mismos o contra los demás. En realidad todo depende de la intención y de la decisión valiente y entusiasta que tomemos de vivir como anhelamos.

¿Tienes ganas de bailar, de hacer teatro, de pintar, de vivir en otra ciudad, de comerte un helado con más frecuencia, de no bañarte un día, de quedarte un poco más en la cama de vez en cuando, de volver a leer tus viejas novelas de ficción o de acción, de ver con tu pareja tu película preferida varias veces?

Analiza qué te impide hacerlo y busca la manera de resolverlo.

Para comenzar

- Escribe las cinco cosas que más te gusta hacer. Date el tiempo y ten la disposición para analizar e investigar dónde, cómo, qué necesitas y cuándo vas a realizarlas.
- Crea un espacio propio. Encuentra un lugar en tu casa donde puedas tener los objetos, los colores, la música y las cosas que te hacen sentir bien. Un espacio en el que otros no metan las manos y puedas encontrarte a salvo.
- Sé tú mismo. Evita actuar para complacer siempre a los otros; inclúyete en la lista de pendientes y deseos por cumplir.
- Ábrete para experimentar. Atrévete a hacer cosas diferentes, sobre todo si van a hacerte sentir me-

jor. Si estás bien, todo lo que salga de ti será bueno para otros.

Crea un ritual personal para levantarte cada mañana, en lugar de hacerlo lleno de estrés, desánimo o pesimismo; reconoce que estás vivo, observa el amanecer y disfrútalo, agradece la presencia de tus personas queridas y sonríele a la vida.

No huyas, aprende de la vida

Un grupo de gente envidiosa, insensible y de perspectivas estrechas insultaba al maestro, lo amenazaba, e incluso trataba de agredirlo. En una ocasión éste y sus discípulos llegaron a una localidad donde fueron especialmente mal recibidos. Los alumnos dijeron:

—Señor, vámonos ahora mismo de este lugar. Aquí nos insultan, desprecian y amenazan.

El maestro les contestó sosegado:

—Amigos míos, ¿qué haremos si al llegar a la próxima ciudad nos sucede lo mismo?

—Nos iremos —respondieron convencidos.

—¿Y si resulta que en la siguiente nos ocurre lo mismo?... No, queridos míos, no haremos eso de ninguna manera. Nos quedaremos aquí el tiempo que teníamos pensado porque si en cada sitio sucede lo mismo, ¿a dónde podríamos ir? Entre los violentos permanezcamos serenos; entre los insidiosos, puros; entre los malévolos, benevolentes; entre los hostiles, amistosos.

No podemos seguir huyendo de todo aquello que nos afecta o nos atemoriza en la vida con la justificación de que si ponemos distancia física o evadimos el contacto directo con las personas, o con la circunstancia que nos hace sentir mal, evitaremos la sensación incómoda o negativa que nos produce y daremos por terminado el asunto. A simple vista parece una solución fácil y rápida, pero lo que en realidad sucede es que esta experiencia queda oculta y pendiente por resolver. Cargamos con una especie de maleta personal, en la cual están guardadas todas y cada una de las experiencias de la vida. Cada vez que renunciamos lo que hacemos es distanciarnos sin haber cerrado conscientemente ese capítulo, por lo que donde quiera que volvamos a empezar esta maleta se abre y aparece el recuerdo pendiente. Hay una reflexión sabia y hermosa que dice:

Imagina por un momento que todos los hombres del mundo han recibido la iluminación, menos tú. Todos ellos son maestros tuyos, y cada uno hace justamente las cosas apropiadas para ayudarte a aprender la paciencia perfecta, la sabiduría perfecta y la compasión perfecta.

Esto nos señala que cada situación difícil representa una oportunidad para conocernos, fortalecernos y aprender algo de lo que hemos vivido, solos o en relación con los demás. Podemos aprender mucho a través del contacto con las personas que nos disgustan o que nos molestan con su comportamiento y su actitud, siempre y cuando estemos abiertos a vislumbrar el aprendizaje oculto dentro de esa particularidad y atentos para no tomarlo como algo personal. ¡Aprendamos a observar cada situación desde afuera, sin afectarnos! Todos quisiéramos vivir en un ambiente agradable, rodeados de paz, respeto y armonía, especialmente en nuestra relación con los demás, en contacto con nosotros mismos y con la divinidad. Para lograrlo es preciso hacer unos pequeños ajustes en nuestra programación mental y en la visión con la que interpretamos lo que nos sucede cada día.

Las personas que evaden su realidad terminan atentando contra sí mismas (en medio de su desesperación) al tomar acciones equivocadas que las llevan a perder su bienestar, su dignidad, su derecho a la vida y a la felicidad. ¡Para poseer una vida digna y plena debemos ser valientes! Siempre habrá personas diferentes (con las que no congeniemos), situaciones difíciles de enfrentar y manejar, pero lo más importante es impedir que nos afecten hasta el punto de atemorizarnos y confundir nuestras ideas.

Para resaltar

Las situaciones difíciles se deben afrontar y resolver inmediatamente. No las postergues esperando que tal vez cambien o se resuelvan por sí solas con el tiempo. Es preferible no desesperarte para aceptarlas y analizarlas en busca de una solución.

Todo escenario sirve para aprender. Pregúntate ¿qué puedo aprender de todo esto? Recuerda que cada circunstancia representa una posibilidad de conocer o reafirmar alguna verdad. Evita buscar culpables y deja de lamentarte por la situación. Fortalece tu autoestima y la confianza en ti mismo.

Revisa tu comportamiento y actitud. Regularmente somos nosotros los causantes de los conflictos que mantenemos con otros. Sonríe, sé más atento y comunicativo, muéstrate dispuesto a apoyar a los demás, sé tú mismo sin hipocresías y sin máscaras.

Convierte lo negativo en positivo. Concéntrate en dar lo mejor de ti, a pesar de lo cambiante y difíciles que puedan ser las circunstancias externas, seguramente la vida te abrirá la puerta hacia una mejor experiencia. ¡Siempre tienes la alternativa de dar por terminada una relación o una situación que te molesta, pero considera hacerlo después de haber intentado superar la dificultad inicial, o cuando resuelvas que estás listo para pasar esa página porque asumiste tu responsabilidad en el asunto!

Detente donde estás y decide hacer un inventario de tu vida. Abre la maleta de tu espacio interior y saca aquello que te cause malestar, preocupación y dolor. En su lugar coloca los pensamientos, los sentimientos, las ideas y los hábitos que te brinden una vida plena.

La amistad es una calle
con doble sentido

Dos amigos, uno soltero y otro casado, eran dueños de una granja cuyo fértil suelo producía abundante grano que se repartía en porciones iguales.

Todo iba perfectamente. Pero llegó un momento en que el amigo casado empezó a despertarse sobresaltado en las noches: "No es justo, mi amigo no está casado y sólo le doy la mitad de la cosecha; pero yo tengo mujer y cuatro hijos, de modo que en mi vejez tendré quien me cuide y todo cuanto necesite. ¿Quién cuidará de mi pobre amigo cuando sea viejo? Necesita ahorrar para el futuro mucho más de lo que actualmente ahorra porque su necesidad será, evidentemente, mayor que la mía". Entonces se levantaba de la cama y acudía sigilosamente al granero, y en el lugar donde su amigo guardaba su trigo, vertía un saco de grano adicional.

También el amigo soltero comenzó a despertarse por las noches y pensaba: "Esto es una injusticia. Mi amigo tiene mujer y cuatro hijos, y sólo le doy la mitad de la cosecha. Pero yo no tengo que mantener a nadie más que a mí mismo. ¿Es justo, acaso, que mi pobre amigo, cuya necesidad es mayor que la mía, reciba lo mismo que yo?" Entonces se levantaba de la cama y llevaba un saco de su propio trigo al granero de su amigo sin que éste se enterara.

Después de muchos meses, una noche se levantaron al mismo tiempo y tropezaron el uno con el otro, cada quien con un saco de granos a la espalda.

Teresa es una persona muy animada y sociable, pero en este momento se siente frustrada y hasta un poco molesta porque dice que está cansada de ser ella quien siempre mantiene el contacto con sus amigos y que ninguno de ellos hace el intento de tomar la iniciativa de llamarla, o de invitarla... A veces se pregunta, igual que yo lo he hecho algunas veces: "¿Si yo no mantuviera el contacto seguiría existiendo esta amistad?"

Su comentario me hizo reflexionar sobre la importancia de la reciprocidad y lo poco que la consideramos cuando nos relacionamos con amigos. Tal parece que para algunas personas la amistad es una relación pasiva que se da y se mantiene como por arte de magia, en la que los demás son quienes deben acercarse a nosotros o simplemente estar ahí en el momento en que necesitemos de ellos. ¡Pero cómo puede una relación sostenerse a través del tiempo si no existe algún tipo de esfuerzo mutuo por mantener el contacto y fortalecerla? ¡El cariño, además de sentirlo, hay que expresarlo!

Es importante pensar en la amistad como en una calle con doble sentido, de manera que siempre estemos dispuestos a dar, a compartir, a considerar y a tener presente a los amigos. Hay amigos maravillosos con los que hemos compartido alguna etapa especial y, debido a los cambios y las oportunidades que nos ofrece la vida, nos separamos, nos distanciamos y hasta perdemos el contacto con ellos. Si es así, vale la pena averiguar en dónde encontrarlos para volver a conectarnos.

¡Sal de la pasividad en la que te encuentras y conviértete en una persona animada, entusiasta y con la iniciativa de reunir de nuevo al grupo de buenos amigos para compartir!

Tú sabes lo bien que recibimos todos una llamada sorpresa, un correo o una invitación inesperada de un viejo amigo. Deja de esperar y comienza a actuar. La amistad es una de las relaciones con más significado en la vida. En todas las etapas vividas tenemos *mejores amigos*, personas que de una u otra forma nos hicieron sentir queridos, valorados, acompañados, comprendidos, especiales, importantes, fortalecidos... y que ahora que somos adultos son tan especiales que se convierten en la extensión de nuestra familia y en tíos de nuestros hijos.

Para ser verdaderos amigos

Acuérdate siempre de ellos. No importa el tiempo que haya pasado desde la última vez que los viste, ni la distancia que en este momento los separe, piensa en ellos con cariño y gratitud.

Sé honesto con los sentimientos. Que tu relación de amistad se base en el cariño sincero, que no medie un interés personal y egoísta de obtener algún tipo de beneficio económico, social o laboral.

Habla con franqueza. Comunícale tu malestar y tu desacuerdo, encuentra las mejores palabras para hacerlo y con la intención de solucionarlos. Aclarar los malos entendidos nos acerca y fortalece los vínculos de cariño y de respeto.

Sé incondicional. Siéntete siempre dispuesto a dar más que a recibir. No esperes a que tus amigos te pidan, da siempre el primer paso para acercarte a ellos, especialmente en momentos de dificultad.

Mensaje final

Para que en realidad puedas transformar tu estilo de vida necesitas hacer uso de las herramientas que aquí comparto contigo. Leerlas y estar de acuerdo con ellas no será suficiente para lograr tu objetivo. Sólo la acción consciente, constante y determinada te permitirá transformar, superar y balancear tu vida.

Al terminar este libro estarás parado como tantas otras veces en el umbral del comienzo de una nueva etapa. Procura dar los pasos necesarios para llenarte de paz, serenidad, alegría, entusiasmo, valor y fortaleza para no decaer en tu empeño de poseer y compartir con otros una existencia plena.

¡La vida es bella!

45